W9-BFA-207

Les Éditions du Boréal
4447, rue Saint-Denis
Montréal (Québec) H2J 2L2
www.editionsboreal.qc.ca

LA CHASSE-GALERIE

Honoré Beaugrand

LA CHASSE-GALERIE
ET AUTRES RÉCITS

Texte conforme à l'édition de 1900,
avec une postface, une chronologie
et une bibliographie de François Ricard

Boréal

Les Éditions du Boréal reconnaissent l'aide financière du gouvernement du Canada par l'entremise du Programme d'aide au développement de l'industrie de l'édition (PADIÉ) pour ses activités d'édition et remercient le Conseil des Arts du Canada pour son soutien financier.

Les Éditions du Boréal sont inscrites au programme d'aide aux entreprises du livre et de l'édition spécialisée de la SODEC et bénéficient du programme de crédit d'impôt pour l'édition de livres du gouvernement du Québec.

Illustration de la couverture : Henri Julien, La *Dégringolade,* Bibliothèque nationale du Québec, BC-139.

Dépôt légal : 3e trimestre 2002
Bibliothèque nationale du Québec

Diffusion au Canada : Dimedia
Diffusion et distribution en Europe : Volumen

Données de catalogage avant publication (Canada)

Beaugrand, Honoré, 1849-1906

    La Chasse-galerie et autres récits

    (Boréal compact ; 139. Classique)

    Éd. originale : Montréal : [Beauchemin], 1900.

    ISBN 978-2-7646-0179-2

    I. Titre.

PS8453.E37C5	2002	c843'.4	C2002-940803-2
PS9453.E37C5	2002		
PQ3919.B35C5	2002		

NOTE SUR LA PRÉSENTE ÉDITION

Le texte des cinq récits faisant partie de La Chasse-galerie, légendes canadiennes *que nous publions ici suit fidèlement celui de l'édition de 1900. Financée et préparée par Beaugrand lui-même, cette édition de luxe à tirage limité (200 exemplaires) est magnifique, avec sa reliure pleine peau, son papier fin, ses lettrines rouge vif et ses illustrations signées par des artistes prisés de l'époque, Henri Julien, Henry Sandham, Raoul Barré. Afin d'en donner au moins une idée, nous reproduisons ces images ici, en les insérant dans le texte à peu près là où elles se trouvent dans l'édition de 1900.*

Des trois autres récits que nous publions à la suite du recueil de La Chasse-galerie, *les deux derniers n'ont été imprimés, du vivant de Beaugrand, que dans la presse périodique, « Une légende du Nord Pacifique » en 1893 et « Les hantises de l'au-delà » en 1902. Quant au « Fantôme de l'avare », dont Beaugrand a fait un chapitre de son* roman Jeanne la fileuse *(1878 et 1888), il avait d'abord été écrit et publié à part, en 1875, dans le journal* L'Écho du Canada ; *c'est cette version « originale » que nous reprenons ici.*

Partout, nous avons respecté l'orthographe et la ponctuation de Beaugrand, malgré leurs maladresses occasionnelles, nous bornant à corriger les coquilles évidentes et les fautes de grammaire et à moderniser la présentation typographique.

LA CHASSE-GALERIE

Le récit qui suit est basé sur une croyance populaire qui remonte à l'époque des coureurs des bois et des voyageurs du Nord-Ouest. Les « gens de chantier » ont continué la tradition, et c'est surtout dans les paroisses riveraines du Saint-Laurent que l'on connaît les légendes de la chasse-galerie. J'ai rencontré plus d'un vieux voyageur qui affirmait avoir vu voguer dans l'air des canots d'écorce remplis de « possédés » s'en allant voir leurs blondes, sous l'égide de Belzébuth. Si j'ai été forcé de me servir d'expressions plus ou moins académiques, on voudra bien se rappeler que je mets en scène des hommes au langage aussi rude que leur difficile métier.

H.B.

Canot d'écorce qui vole !

I

— Pour lors que je vais vous raconter une rôdeuse d'histoire, dans le fin fil; mais s'il y a parmi vous autres des lurons qui auraient envie de courir la chasse-galerie ou le loup-garou, je vous avertis qu'ils font mieux d'aller voir dehors si les chats-huants font le sabbat, car je vais commencer mon histoire en faisant un grand signe de croix pour chasser le diable et ses diablotins. J'en ai eu assez de ces maudits-là dans mon jeune temps.

Pas un homme ne fit mine de sortir; au contraire tous se rapprochèrent de la cambuse où le *cook* finissait son préambule et se préparait à raconter une histoire de circonstance.

On était à la veille du jour de l'an 1858, en pleine forêt vierge, dans les chantiers des Ross, en haut de la Gatineau. La saison avait été dure et la neige atteignait déjà la hauteur du toit de la cabane.

Le bourgeois avait, selon la coutume, ordonné la

distribution du contenu d'un petit baril de rhum parmi les hommes du chantier, et le cuisinier avait terminé de bonne heure les préparatifs du fricot de pattes et des glissantes pour le repas du lendemain. La melasse mijotait dans le grand chaudron pour la partie de tire qui devait terminer la soirée.

Chacun avait bourré sa pipe de bon tabac canadien, et un nuage épais obscurcissait l'intérieur de la cabane, où un feu pétillant de pin résineux jetait, cependant, par intervalles, des lueurs rougeâtres qui tremblotaient en éclairant par des effets merveilleux de clair-obscur, les mâles figures de ces rudes travailleurs des grands bois.

Joe le *cook* était un petit homme assez mal fait, que l'on appelait assez généralement le bossu, sans qu'il s'en formalisât, et qui faisait chantier depuis au moins 40 ans. Il en avait vu de toutes les couleurs dans son existence bigarrée et il suffisait de lui faire prendre un petit coup de jamaïque pour lui délier la langue et lui faire raconter ses exploits.

II

— Je vous disais donc, continua-t-il, que si j'ai été un peu *tough* dans ma jeunesse, je n'entends plus risée sur les choses de la religion. J'vas à confesse régulièrement tous les ans, et ce que je vais vous raconter là se passait aux jours de ma jeunesse quand je ne craignais ni Dieu ni diable. C'était un soir comme celui-ci, la veille du jour de l'an, il y a de cela 34 ou 35 ans. Réunis avec tous mes camarades autour de la cambuse, nous prenions un petit coup ; mais si les petits ruisseaux font les grandes rivières, les petits verres finissent par vider les grosses cruches, et dans ces temps-là, on buvait plus sec et plus souvent qu'aujourd'hui, et il n'était pas rare de voir finir les fêtes par des coups de poings et des tirages de tignasse. La jamaïque était bonne, — pas meilleure que ce soir, — mais elle était bougrement bonne, je vous le parsouète. J'en avais bien lampé une douzaine de petits gobelets, pour ma part, et sur les onze heures, je vous l'avoue franchement, la tête me tournait et je me laissai tomber sur ma robe de cariole pour faire un petit somme en attendant l'heure de sauter à pieds joints par dessus la tête d'un quart de lard, de la vieille année dans la nouvelle, comme nous allons le faire ce soir sur l'heure de minuit, avant d'aller chanter la guignolée et souhaiter la bonne année aux hommes du chantier voisin.

Je dormais donc depuis assez longtemps lorsque je me sentis secouer rudement par le boss des piqueurs, Baptiste Durand, qui me dit :

— Joe ! minuit vient de sonner et tu es en retard pour le saut du quart. Les camarades sont partis pour faire leur tournée, et moi je m'en vais à Lavaltrie voir ma blonde. Veux-tu venir avec moi ?

— À Lavaltrie ! lui répondis-je, es-tu fou ? nous en sommes à plus de cent lieues et d'ailleurs aurais-tu deux mois pour faire le voyage, qu'il n'y a pas de chemin de sortie dans la neige. Et puis, le travail du lendemain du jour de l'an ?

— Animal ! répondit mon homme, il ne s'agit pas de cela. Nous ferons le voyage en canot d'écorce, à l'aviron, et demain matin à six heures nous serons de retour au chantier.

Je comprenais.

Mon homme me proposait de courir la chasse-galerie et de risquer mon salut éternel pour le plaisir d'aller embrasser ma blonde, au village. C'était raide ! Il était bien vrai que j'étais un peu ivrogne et débauché et que la religion ne me fatiguait pas à cette époque, mais risquer de vendre mon âme au diable, ça me surpassait.

— Cré poule mouillée! continua Baptiste, tu sais bien qu'il n'y a pas de danger. Il s'agit d'aller à Lavaltrie et de revenir dans six heures. Tu sais bien qu'avec la chasse-galerie, on voyage au moins 50 lieues à l'heure lorsqu'on sait manier l'aviron comme nous. Il s'agit tout simplement de ne pas prononcer le nom du bon Dieu pendant le trajet, et de ne pas s'accrocher aux croix des clochers en voyageant. C'est facile à faire et pour éviter tout danger, il faut penser à ce qu'on dit, avoir l'œil où l'on va et ne pas prendre de boisson en route. J'ai déjà fait le voyage cinq fois et tu vois bien qu'il ne m'est jamais arrivé malheur. Allons mon vieux, prends ton courage à deux mains et si le cœur t'en dit, dans deux heures de temps, nous serons à Lavaltrie. Pense à la petite Liza Guimbette et au plaisir de l'embrasser. Nous sommes déjà sept pour faire le voyage mais il faut être deux, quatre, six ou huit et tu seras le huitième.

— Oui! tout cela est très bien, mais il faut faire un serment au diable, et c'est un animal qui n'entend pas à rire lorsqu'on s'engage à lui.

— Une simple formalité, mon Joe. Il s'agit simplement de ne pas se griser et de faire attention à sa langue et à son aviron. Un homme n'est pas un enfant, que diable! Viens! viens! nos camarades nous attendent dehors et le grand canot de la *drave* est tout prêt pour le voyage.

Je me laissai entraîner hors de la cabane où je vis en effet six de nos hommes qui nous attendaient, l'aviron à la main. Le grand canot était sur la neige dans une clairière et avant d'avoir eu le temps de réfléchir, j'étais déjà assis dans le devant, l'aviron pendante sur le platbord, attendant le signal du départ. J'avoue que j'étais un peu troublé, mais Baptiste qui passait, dans le chantier, pour n'être pas allé à confesse depuis sept ans, ne me laissa pas le temps de me débrouiller. Il était à l'arrière, debout, et d'une voix vibrante il nous dit :

— Répétez avec moi !

Et nous répétâmes :

— Satan ! roi des enfers, nous te promettons de te livrer nos âmes, si d'ici à six heures nous prononçons le nom de ton maître et du nôtre, le bon Dieu, et si nous touchons une croix dans le voyage. À cette condition tu nous transporteras, à travers les airs, au lieu où nous voulons aller et tu nous ramèneras de même au chantier.

III

Acabris! Acabras! Acabram!
Fais-nous voyager par dessus les montagnes!

À peine avions-nous prononcé les dernières paroles que nous sentîmes le canot s'élever dans l'air à une hauteur de cinq ou six cents pieds. Il me semblait que j'étais léger comme une plume et au commandement de Baptiste, nous commençâmes à nager comme des possédés que nous étions. Aux premiers coups d'aviron le canot s'élança dans l'air comme une flèche, et c'est le cas de le dire, le diable nous emportait. Ça nous en coupait le respire et le poil en frisait sur nos bonnets de carcajou.

Nous filions plus vite que le vent. Pendant un quart d'heure, environ, nous naviguâmes au-dessus de la forêt sans apercevoir autre chose que les bouquets des grands pins noirs. Il faisait une nuit superbe et la lune, dans son plein, illuminait le firmament comme un beau soleil du

19

midi. Il faisait un froid du tonnerre et nos moustaches étaient couvertes de givre, mais nous étions cependant tous en nage. Ça se comprend aisément puisque c'était le diable qui nous menait et je vous assure que ce n'était pas sur le train de la *Blanche*. Nous aperçûmes bientôt une éclaircie, c'était la Gatineau dont la surface glacée et polie étincelait au-dessous de nous comme un immense miroir. Puis, p'tit-à-p'tit nous aperçûmes des lumières dans les maisons d'habitants ; puis des clochers d'églises qui reluisaient comme des bayonnettes de soldats, quand ils font l'exercice sur le champ de Mars de Montréal. On passait ces clochers aussi vite qu'on passe les poteaux de télégraphe, quand on voyage en chemin de fer. Et nous filions toujours comme tous les diables, passant par-dessus les villages, les forêts, les rivières et laissant derrière nous comme une traînée d'étincelles. C'est Baptiste, le possédé, qui gouvernait, car il connaissait la route et nous arrivâmes bientôt à la rivière des Outaouais qui nous servit de guide pour descendre jusqu'au Lac des Deux-Montagnes.

— Attendez un peu, cria Baptiste. Nous allons raser Montréal et nous allons effrayer les coureux qui sont encore dehors à c'te heure cite. Toi, Joe ! là, en avant, éclaircis-toi le gosier et chante-nous une chanson sur l'aviron.

En effet, nous apercevions déjà les mille lumières de la grande ville, et Baptiste, d'un coup d'aviron, nous fit descendre à peu près au niveau des tours de Notre-Dame. J'enlevai ma chique pour ne pas l'avaler, et j'entonnai à tue-tête cette chanson de circonstance que tous les canotiers répétèrent en chœur :

Mon père n'avait fille que moi,
Canot d'écorce qui va voler,
Et dessus la mer il m'envoie :
Canot d'écorce qui vole, qui vole,
Canot d'écorce qui va voler !

Et dessus la mer il m'envoie,
Canot d'écorce qui va voler,
Le marinier qui me menait :
Canot d'écorce qui vole, qui vole,
Canot d'écorce qui va voler !

Le marinier qui me menait,
Canot d'écorce qui va voler,
Me dit ma belle embrassez-moi :
Canot d'écorce qui vole, qui vole,
Canot d'écorce qui va voler !

Me dit, ma belle, embrassez-moi,
Canot d'écorce qui va voler,
Non, non, monsieur, je ne saurais :
Canot d'écorce qui vole, qui vole,
Canot d'écorce qui va voler !

Non, non, monsieur, je ne saurais,
Canot d'écorce qui va voler,
Car si mon papa le savait :
Canot d'écorce qui vole, qui vole,
Canot d'écorce qui va voler !

Car si mon papa le savait,
Canot d'écorce qui va voler,
Ah ! c'est bien sûr qu'il me battrait.
Canot d'écorce qui vole, qui vole,
Canot d'écorce qui va voler !

IV

Bien qu'il fût près de deux heures du matin, nous vîmes des groupes s'arrêter dans les rues pour nous voir passer, mais nous filions si vite qu'en un clin d'œil nous avions dépassé Montréal et ses faubourgs, et alors je commençai à compter les clochers : la Longue-Pointe, la Pointe-aux-Trembles, Repentigny, Saint-Sulpice, et enfin les deux flèches argentées de Lavaltrie qui dominaient le vert sommet des grands pins du domaine.

— Attention ! vous autres, nous cria Baptiste. Nous allons atterrir à l'entrée du bois, dans le champ de mon parrain, Jean-Jean Gabriel et nous nous rendrons ensuite à pied pour aller surprendre nos connaissances dans quelque fricot ou quelque danse du voisinage.

Qui fut dit fut fait, et cinq minutes plus tard notre canot reposait dans un banc de neige à l'entrée du bois de Jean-Jean Gabriel ; et nous partîmes tous les huit à la file pour nous rendre au village. Ce n'était pas une mince besogne car il n'y avait pas de chemin battu et nous avions de la neige jusqu'au califourchon. Baptiste qui était plus effronté que les autres s'en alla frapper à la porte de la maison de son parrain où l'on apercevait encore de la lumière, mais il n'y trouva qu'une fille *engagère* qui lui annonça que les vieilles gens étaient à un *snaque* chez le père Robillard, mais que les farauds et les filles de la paroisse étaient presque tous rendus chez Batissette Augé, à la Petite-Misère, en bas de Contrecœur, de l'autre côté du fleuve, où il y avait un rigodon du jour de l'an.

— Allons au rigodon, chez Batissette Augé, nous dit Baptiste, on est certain d'y rencontrer nos blondes.

— Allons chez Batissette !

Et nous retournâmes au canot, tout en nous mettant mutuellement en garde sur le danger qu'il y avait de prononcer certaines paroles et de prendre un coup de trop, car il fallait reprendre la route des chantiers et y arriver avant six heures du matin, sans quoi nous étions flambés comme des carcajous, et le diable nous emportait au fin fond des enfers.

Acabris ! Acabras ! Acabram !
Fais-nous voyager par dessus les montagnes !

cria de nouveau Baptiste. Et nous voilà repartis pour la Petite-Misère, en naviguant en l'air comme des renégats que nous étions tous. En deux tours d'aviron, nous avions traversé le fleuve et nous étions rendus chez Batissette Augé dont la maison était tout illuminée. On

Le rigodon chez Batissette Augé

entendait vaguement, au dehors, les sons du violon et des éclats de rire des danseurs dont on voyait les ombres se trémousser, à travers les vitres couvertes de givre. Nous cachâmes notre canot derrière les tas de bourdillons qui bordaient la rive, car la glace avait refoulé, cette année-là.

— Maintenant, nous répéta Baptiste, pas de bêtises, les amis, et attention à vos paroles. Dansons comme des perdus, mais pas un seul verre de Molson, ni de jamaïque, vous m'entendez! Et au premier signe, suivez-moi tous, car il faudra repartir sans attirer l'attention.

Et nous allâmes frapper à la porte.

V

Le père Batissette vint ouvrir lui-même et nous fûmes reçus à bras ouverts par les invités que nous connaissions presque tous.

Nous fûmes d'abord assaillis de questions :

— D'où venez-vous ?

— Je vous croyais dans les chantiers !

— Vous arrivez bien tard !

— Venez prendre une larme !

Ce fut encore Baptiste qui nous tira d'affaire en prenant la parole :

— D'abord, laissez-nous nous décapoter et puis ensuite laissez-nous danser. Nous sommes venus exprès pour ça. Demain matin, je répondrai à toutes vos questions et nous vous raconterons tout ce que vous voudrez.

Pour moi j'avais déjà reluqué Liza Guimbette qui était faraudée par le p'tit Boisjoli de Lanoraie. Je m'approchai d'elle pour la saluer et pour lui demander l'avantage de la prochaine qui était un *reel* à quatre. Elle accepta avec un sourire qui me fit oublier que j'avais risqué le salut de mon âme pour avoir le plaisir de me trémousser et de battre des ailes de pigeon en sa compagnie. Pendant deux heures de temps, une danse n'attendait pas l'autre et ce n'est pas pour me vanter si je vous dis que dans ce temps-là, il n'y avait pas mon pareil à dix lieues à la ronde pour la gigue simple ou la voleuse. Mes camarades, de leur côté, s'amusaient comme des lurons, et tout ce que je puis vous dire, c'est que les garçons d'habitants étaient fatigués de nous autres, lorsque quatre heures sonnèrent à la pendule. J'avais cru apercevoir Baptiste Durand qui s'approchait du buffet où les hommes prenaient des nippes de whisky blanc, de temps en temps, mais j'étais tellement occupé avec ma partenaire que je n'y portai pas beaucoup d'attention. Mais maintenant que l'heure de remonter en canot était arrivée, je vis clairement que Baptiste avait pris un coup de trop et je fus obligé d'aller le prendre par le bras pour le faire sortir avec moi, en faisant signe aux autres de se préparer à nous suivre sans attirer l'attention des danseurs. Nous sortîmes donc les uns après les autres sans faire semblant de rien et cinq minutes plus tard, nous étions remontés en canot, après avoir quitté le bal comme des sauvages, sans dire bonjour à personne; pas même à Liza que j'avais invitée pour danser un *foin*. J'ai toujours pensé que c'était cela qui l'avait décidée à me trigauder et à épouser le petit Boisjoli sans même m'inviter à ses noces, la boufresse. Mais pour revenir à notre canot, je vous avoue que nous étions rudement embêtés de voir que Baptiste Durand avait bu un coup, car c'était lui qui nous gouvernait et nous n'avions juste que le temps de revenir au chantier pour six heures du matin, avant le réveil des hommes qui ne travaillaient pas le jour du jour de l'an. La lune était disparue et il ne faisait plus aussi clair qu'auparavant, et ce n'est pas sans crainte que je pris ma position à l'avant du canot, bien décidé à avoir l'œil sur la route que nous allions suivre. Avant de nous enlever dans les airs, je me retournai et je dis à Baptiste :

— Attention ! là, mon vieux. Pique tout droit sur la montagne de Montréal, aussitôt que tu pourras l'apercevoir.

— Je connais mon affaire, répliqua Baptiste, et mêle-toi des tiennes !

Et avant que j'aie eu le temps de répliquer :

Acabris ! Acabras ! Acabram !
Fais-nous voyager par dessus les montagnes !

VI

Et nous voilà repartis à toute vitesse. Mais il devint aussitôt évident que notre pilote n'avait plus la main aussi sûre, car le canot décrivait des zigzags inquiétants. Nous ne passâmes pas à cent pieds du clocher de Contrecœur et au lieu de nous diriger à l'ouest, vers Montréal, Baptiste nous fit prendre des bordées vers la rivière Richelieu. Quelques instants plus tard, nous passâmes par dessus la montagne de Belœil et il ne s'en manqua pas de dix pieds que l'avant du canot n'allât se briser sur la grande croix de tempérance que l'évêque de Québec avait plantée là.

— À droite! Baptiste! à droite! mon vieux, car tu vas nous envoyer chez le diable, si tu ne gouvernes pas mieux que ça!

Et Baptiste fit instinctivement tourner le canot vers la droite en mettant le cap sur la montagne de Montréal que nous apercevions déjà dans le lointain. J'avoue que la peur commençait à me tortiller car si Baptiste continuait à nous conduire de travers, nous étions flambés comme des gorets qu'on grille après la boucherie. Et je vous assure que la dégringolade ne se fit pas attendre, car au moment où nous passions au-dessus de Montréal, Baptiste nous fit prendre une *sheer* et avant d'avoir eu le temps de m'y préparer, le canot s'enfonçait dans un banc de neige, dans une éclaircie, sur le flanc de la montagne. Heureusement que c'était dans la neige molle, que personne n'attrapa de mal et que le canot ne fut pas brisé. Mais à peine étions-nous sortis de la neige que voilà Baptiste qui commence à sacrer comme un possédé et qui déclare qu'avant de repartir pour la Gatineau, il veut descendre en ville prendre un verre. J'essayai de raisonner avec lui mais allez donc faire entendre raison à un ivrogne qui veut se mouiller la luette. Alors, rendus à bout de patience, et plutôt que de laisser nos âmes au diable qui se léchait déjà les babines en nous voyant dans l'embarras, je dis un mot à mes autres compagnons qui avaient aussi peur que moi, et nous nous jetons tous sur Baptiste que nous terrassons, sans lui faire de mal, et que nous plaçons ensuite au fond du canot, — après l'avoir ligoté comme un bout de saucisse et lui avoir mis un bâillon pour l'empêcher de prononcer des paroles dangereuses, lorsque nous serions en l'air. Et :

Acabris ! Acabras ! Acabram !

nous voilà repartis sur un train de tous les diables car nous n'avions plus qu'une heure pour nous rendre au chantier de la Gatineau. C'est moi qui gouvernais, cette fois-là, et je vous assure que j'avais l'œil ouvert et le bras solide. Nous remontâmes la rivière Outaouais comme une poussière jusqu'à la Pointe à Gatineau et de là nous piquâmes au nord vers le chantier. Nous n'en étions plus qu'à quelques lieues, quand voilà-t-il pas cet animal de Baptiste qui se détortille de la corde avec laquelle nous l'avions ficelé, qui s'arrache son baillon et qui se lève tout droit, dans le canot, en lâchant un sacre qui me fit frémir jusque dans la pointe des cheveux. Impossible de lutter contre lui dans le canot sans courir le risque de tomber d'une hauteur de deux ou trois cents pieds, et l'animal gesticulait comme un perdu en nous menaçant tous de son aviron qu'il avait saisi et qu'il faisait tournoyer sur nos têtes en faisant le moulinet comme un Irlandais avec son shilelagh. La position était terrible, comme vous le comprenez bien. Heureusement que nous arrivions, mais j'étais tellement excité, que par une fausse manœuvre que je fis pour éviter l'aviron de Baptiste, le canot heurta la tête d'un gros pin et que nous voilà tous précipités en bas, dégringolant de branche en branche comme des perdrix que l'on tue dans les épinettes. Je ne sais pas combien je mis de temps à descendre jusqu'en bas, car je perdis connaissance avant d'arriver, et mon dernier souvenir était comme celui d'un homme qui rêve qu'il tombe dans un puits qui n'a pas de fond.

La dégringolade

VII

Vers les huit heures du matin, je m'éveillai dans mon lit dans la cabane, où nous avaient transportés des bûcherons qui nous avaient trouvés sans connaissance, enfoncés jusqu'au cou, dans un banc de neige du voisinage. Heureusement que personne ne s'était cassé les reins mais je n'ai pas besoin de vous dire que j'avais les côtes sur le long comme un homme qui a couché sur les ravalements pendant toute une semaine, sans parler d'un *blackeye* et de deux ou trois déchirures sur les mains et dans la figure. Enfin, le principal, c'est que le diable ne nous avait pas tous emportés et je n'ai pas besoin de vous dire que je ne m'empressai pas de démentir ceux qui prétendirent qu'ils m'avaient trouvé, avec Baptiste et les six autres, tous saouls comme des grives, et en train de cuver notre jamaïque dans un banc de neige des environs. C'était déjà pas si beau d'avoir risqué de vendre son âme au diable, pour s'en vanter parmi les camarades; et ce n'est que bien des années plus tard que je racontai l'histoire telle qu'elle m'était arrivée.

Tout ce que je puis vous dire, mes amis, c'est que ce n'est pas si drôle qu'on le pense que d'aller voir sa blonde en canot d'écorce, en plein cœur d'hiver, en courant la chasse-galerie; surtout si vous avez un maudit ivrogne qui se mêle de gouverner. Si vous m'en croyez, vous attendrez à l'été prochain pour aller embrasser vos p'tits cœurs, sans courir le risque de voyager aux dépens du diable.

Et Joe le *cook* plongea sa micouane dans
la melasse bouillonnante aux reflets
dorés, et déclara que la tire
était cuite à point et
qu'il n'y avait
plus qu'à
l'étirer.

LE LOUP-GAROU

— Oui! Vous êtes tous des fins-fins, les avocats de Montréal, pour vous moquer des loups-garous. Il est vrai que le diable ne fait pas tant de cérémonies avec vous-autres et qu'il est si sûr de son affaire, qu'il n'a pas besoin de vous faire courir la pretentaine pour vous attraper par le chignon du cou, à l'heure qui lui conviendra.

—Voyons, père Brindamour, ne vous fâchez pas, et si vous avez vu des loups-garous, racontez-nous ça.

C'était pendant la dernière lutte électorale de Richelieu, entre Bruneau et Morgan, dans une salle du comité du Pot-au-beurre, en bas de Sorel. Les cabaleurs revisaient les listes et faisaient des cours d'économie politique aux badauds qui prétendaient s'intéresser à leurs arguments, pour attraper de temps en temps, un p'tit coup de whiskey blanc à la santé de Monsieur Morgan.

Dans une salle basse, remplie de fumée, assis sur des bancs grossiers autour d'une table de bois de sapin brut, vingt-cinq à trente gaillards des alentours causaient politique sous la haute direction d'un étudiant en droit qui pontifiait, flanqué de quatre ou cinq exemplaires du Hansard et des derniers livres bleus des ministères d'Ottawa.

Le père Pierriche Brindamour en était rendu au paroxysme d'un enthousiasme échevelé et criait comme un possédé :

— Hourrah pour Monsieur Morgan! et que le diable emporte tous les rouges de Sorel ; c'est une bande de coureux de loup-garou.

Un éclat de rire formidable accueillit cette frasque du père Pierriche et comme on le savait bavard, à ses heures d'enthousiasme, on résolut de le faire causer.

— Des coureux de loup-garou! Allons donc M. Brindamour, est-ce que vous croyez encore à ces blagues-là, dans le rang du Pot-au-beurre?

C'est alors que le vieillard riposta en s'attaquant au manque de vertu et d'orthodoxie des avocats en général et de ceux de Montréal en particulier.

— Ah ben oui! vous êtes tous pareils, vous autres, les avocats, et si je vous demandais seulement ce que c'est qu'un loup-garou, vous seriez ben en peine de me le dire. Quand je dis que tous les rouges de Sorel courent le loup-garou, c'est une manière de parler, car vous devriez savoir qu'il faut avoir passé sept ans sans aller à confesse, pour que le diable puisse s'emparer d'un homme et lui faire pousser du poil en dedans.

Pierriche Brindamour

Je suppose que vous ne savez même pas qu'un homme qui court le loup-garou a la couenne comme une peau de loup revirée à l'envers, avec le poil en dedans. Un sauvage de Saint-François connaît ça, mais un avocat de Montréal ça peut bavasser sur la politique, mais en dehors de ça, faut pas lui demander grand'chose sur les choses sérieuses et sur ce qui concerne les habitants.

— C'est vrai, répondirent quelques farceurs qui se rangeaient avec le père Pierriche, contre l'avocat en herbe.

— Oui! tout ça, c'est très bien, riposta l'étudiant, dans le but de pousser Pierriche à bout, mais ça n'est pas une véritable histoire de loup-garou. En avez-vous jamais vu, vous, un loup-garou, M. Brindamour? C'est cela que je voudrais savoir.

— Oui, j'en ai vu un loup-garou, pas un seul, mais vingt-cinq, et si je vous rencontrais seulement sur le bord d'un fossé, dans une talle de hart-rouge après neuf heures du soir, je gagerais que vous auriez le poil aussi long qu'un loup, vous qui parlez, car ça vous embêterait ben de me montrer votre billet de confession. Le plus que ça pourrait être ce serait un mauvais billet de Pâques de renards. Ah! on vous connaît les gens de Montréal. Faut pas venir nous pousser des pointes, parce que vous êtes plus éduqués que nous autres.

— Oui! oui, tout ça c'est bien beau, mais c'est pour nous endormir que vous blaguez comme ça. Allez dire ça aux gens de Bruneau. Ce qui me faut à moi c'est des preuves, et si vous savez une histoire de loup-garou, racontez-la, car on va finir par croire que vous n'en savez pas et que vous voulez vous moquer de nous autres.

— Oui-dà! oui. Eh ben j'en ai une histoire et je vas vous la conter, mais à une condition : vous allez nous faire servir un gallon de whiskey d'élection pour que nous buvions à la santé de Monsieur Morgan, notre candidat.

La proposition fut agréée et le p'tit lait électoral fut versé à la ronde, haussant d'un cran l'enthousiasme déjà surchauffé de cet auditoire désintéressé!

Et après avoir constaté qu'il ne restait plus une goutte de liquide au fond de la mesure d'un gallon qu'on avait placé sur la table, Pierriche Brindamour prit la parole :

— C'est pas pour un verre de whiskey du gouvernement que je voudrais vous conter une menterie. Il me faudrait quelque chose de plus sérieux que ça pour que je me mette en conscience en temps d'élection. Les gros bonnets se vendent trop cher à Ottawa comme à Québec, pour que les gens du comté de Sorel passent pour gâter les prix. Je vous dirai donc la vérité et rien que la vérité, comme on dit à la cour de Sorel quand on est appelé comme témoin. Pour des loups-garous, j'en ai vu assez pour faire un régiment, dans mon jeune temps lorsque je naviguais l'été à bord des bateaux et que je faisais la pêche au petit poisson, l'hiver, aux chenaux des Trois-Rivières ; mais je vous le dirai bien que j'en ai jamais délivrés. J'avais bien douze ou treize ans et j'étais *cook* à bord d'un chaland avec mon défunt père qui était capitaine. C'était le jour de la Toussaint et nous montions de Québec avec une cargaison de charbon, par une grande brise de nord-est. Nous avions dépassé le lac Saint-Pierre et sur les huit heures du soir nous nous trouvions à la tête du lac. Il faisait noir comme le loup et il brumassait même un peu, ce qui nous empêchait de bien distinguer le phare de l'île de Grâce. J'étais de vigie à l'avant et mon défunt père était à la barre. Vous savez que l'entrée du chenal n'est pas large et qu'il faut ouvrir l'œil pour ne pas s'échouer. Il faisait une bonne brise et nous avions pris notre perroquet et notre hunier, ce qui ne nous empêchait pas de monter grand train sur notre grande voile. Tout à coup le temps parut s'éclaircir et nous aperçûmes sur la rive de l'île de Grâce que nous rasions en montant, un grand feu de sapinages autour duquel dansaient une vingtaine de possédés qui avaient des têtes et des queues de loup et dont les yeux brillaient comme des tisons. Des ricanements terribles arrivaient jusqu'à nous et on pouvait apercevoir vaguement le corps d'un homme couché par terre et que quelques maudits étaient en train de découper pour en faire un fricot. C'était une ronde de loups-garous que le diable avait réunis pour leur faire boire du sang de chrétien et leur faire manger de la viande fraîche. Je courus à l'arrière pour attirer l'attention de mon défunt père et de Baptiste Lafleur, le matelot qui naviguait avec nous, mais qui n'était pas de quart à ce moment-là. Ils avaient déjà aperçu le pique-nique des loups-garous. Baptiste avait pris la barre et mon défunt père était en train de charger son fusil pour tirer sur les possédés qui continuaient à crier comme des perdus en sautant en rond autour du feu. Il fallait se dépêcher car le bateau filait bon train devant le nord-est.

— Vite! Pierriche, vite! donne-moi la branche de

rameau bénit, qu'il y a à la tête de mon lit, dans la cabine. Tu trouveras aussi un trèfle à quatre feuilles dans un livre de prières, et puis prends deux balles et sauce-les dans l'eau bénite. Vite, dépêche-toi !

Je trouvai bien le rameau bénit, mais je ne pus mettre la main sur le trèfle à quatre feuilles et dans ma précipitation je renversai le petit bénitier sans pouvoir saucer les balles dedans.

Mon père pulvérisa le rameau sec entre ses doigts, et s'en servit pour bourrer son fusil, mais je n'osai lui avouer que le trèfle à quatre feuilles n'était pas là et que les balles n'avaient pas été mouillées dans l'eau bénite. Il mit les deux balles dans le canon, fit un grand signe de croix et visa dans le tas de mécréants.

Le coup partit, mais c'est comme s'il avait chargé son fusil avec des pois, et les loups-garous continuèrent à danser et à ricaner, en nous montrant du doigt.

— Les maudits ! dit mon défunt père, je vais essayer encore une fois.

Et il rechargea son fusil et en guise de balle il fourra son chapelet dans le canon.

Et paf !

Cette fois le coup avait porté ! Le feu s'éteignit sur la rive et les loups-garous s'enfuirent dans les bois en poussant des cris à faire frémir un cabaleur d'élections.

Les graines du chapelet les avaient évidemment rendus malades et les avaient dispersés, mais comme c'était un chapelet neuf qui n'avait pas encore été bénit, mon défunt père était d'opinion qu'il n'avait pas réussi à les délivrer et qu'ils iraient sans doute continuer leur sabbat sur un autre point de l'île.

Ce qui avait empêché le premier coup de porter, c'est que le fusil n'avait pas été bourré avec le trèfle à quatre feuilles et que les balles n'avaient pas été plongées dans l'eau bénite.

— Hein! qu'est-ce que vous dites de ça, M. l'avocat? J'en ai-t-y vu des loups-garous? continua Pierriche Brindamour.

— Oui! l'histoire n'est pas mauvaise, mais je trouve que vous les avez vus un peu de loin et qu'il y a bien longtemps de ça. Si la chose s'était passée l'automne dernier, je croirais que ce sont les membres du club de pêche de Phaneuf et de Joe Riendeau de Montréal que vous avez aperçus sur l'île de Grâce en train de courir la galipotte. Vous avez dit vous-même que tous les rouges étaient des coureux de loup-garou et vous savez bien, M. Brindamour, qu'il n'y a pas de bleus dans ce club-là!

— Ah! vous vous moquez de mon histoire et vous vous imaginez sans doute que c'était en temps d'élection et que j'avais pris un coup de trop du whiskey du candidat de ce temps-là. Eh bien! arrêtez un peu, je n'ai pas fini et j'en ai une autre que mon défunt père m'a racontée, ce soir-là, en montant à Montréal à bord de son bateau. C'est une histoire qui lui est arrivée à lui-même et je vous avertis d'avance que je me fâcherai un peu sérieusement si vous faites seulement semblant d'en douter.

Mon défunt père, dans son jeune temps, faisait la chasse avec les Sauvages de Saint-François dans le haut du Saint-Maurice et dans le pays de la Matawan. C'était un luron qui n'avait pas froid aux yeux et entre nous, j'peux bien vous dire qu'il n'haïssait pas les sauvagesses. Le curé de la mission des Abénakis l'avait averti deux ou trois fois de bien prendre garde à lui, car les sauvages pourraient lui faire un mauvais parti, s'ils l'attrapaient à rôder autour de leurs cabanes. Mais les coureurs des bois de ce temps-là ne craignaient pas grand'chose et ma foi, vous autres, les godelureaux de Montréal, vous savez bien qu'il faut que jeunesse se passe. Mon défunt père était donc parti pour aller faire la chasse au castor, au rat musqué et au carcajou dans le haut du Saint-Maurice. Une fois rendu là, il avait campé avec les Abénakis, et sa cabane de sapinages était à peine couverte de neige qu'il avait déjà jeté l'œil sur une belle sauvagesse qui avait suivi son père à la chasse. C'était une belle fille, une belle! mais elle passait pour être sorcière dans la tribu et elle se faisait craindre de tous les chasseurs du camp qui n'osaient l'approcher. Mon défunt père qui était un brave se piqua au jeu et comme il parlait couramment sauvage, il commença à conter fleurette à la sauvagesse. Le père de la belle faisait des absences de deux ou trois jours pour aller tendre ses pièges et ses attrapes, et pendant ce temps-là, les choses allaient rondement. Il faut vous dire que la sauvagesse était une v'limeuse de payenne qui n'allait jamais à l'église de Saint-François et on prétendait même qu'elle n'avait jamais été baptisée. Pas besoin de vous dire tout au long comment les choses se passèrent, mais mon défunt père finit par obtenir un rendez-vous, à quelques arpents du camp, sur le coup de minuit d'un dimanche au soir.

Il trouva bien l'heure un peu singulière et le jour un peu suspect, mais quand on est amoureux on passe par dessus bien des choses. Il se rendit donc à l'endroit désigné un peu avant l'heure et il fumait tranquillement sa pipe pour prendre patience, lorsqu'il entendit du bruit dans la fardoche. Il s'imagina que c'était sa sauvagesse qui s'approchait, mais il changea bientôt d'idée en apercevant deux yeux qui brillaient comme des fifollets et qui le fixaient d'une manière étrange. Il crut d'abord que c'était un chat sauvage ou un carcajou, et il eut juste le temps d'épauler son fusil qu'il ne quittait jamais et d'envoyer une balle entre les deux yeux de l'animal qui s'avançait en rampant dans la neige et sous les broussailles. Mais il avait manqué son coup et avant qu'il eût le temps de se garer, la bête était sur lui, dressée sur ses pattes de derrière et tâchant de l'entourer avec ses pattes de devant. C'était un loup, mais un loup immense, comme mon défunt père n'en avait jamais vu. Il sortit son couteau de chasse et l'idée lui vint qu'il avait affaire à un loup-garou. Il savait que la seule manière de se débarrasser de ces maudites bêtes-là, c'était de leur tirer du sang en leur faisant une blessure, dans le front, en forme de croix. C'est ce qu'il tenta de faire, mais le loup-garou se défendait comme un damné qu'il était, et mon défunt père essaya vainement de lui plonger son couteau dans le corps puisqu'il ne pouvait pas parvenir à le délivrer. Mais la pointe du couteau pliait chaque fois comme s'il eût frappé dans un côté de cuir à semelle. La lutte se prolongeait et devenait terrible et dangereuse. Le loup-garou déchirait les flancs de mon

La délivrance

défunt père avec ses longues griffes lorsque celui-ci, d'un coup de son couteau qui coupait comme un rasoir, réussit à lui enlever une patte de devant. La bête poussa un hurlement qui ressemblait au cri d'une femme qu'on égorge et disparut dans la forêt. Mon défunt père n'osa pas la poursuivre, mais il mit la patte dans son sac et rentra au camp pour panser ses blessures qui, bien que douloureuses, ne présentaient cependant aucun danger. Le lendemain lorsqu'il s'informa de la sauvagesse, il apprit qu'elle était partie, pendant la nuit, avec son père, et personne ne connaissait la route qu'ils avaient prise. Mais jugez de l'étonnement de mon défunt père, lorsqu'en fouillant dans son sac pour y chercher une patte de loup, il y trouva une main de sauvagesse, coupée juste au dessus du poignet. C'était tout bonnement la main de la coquine qui s'était transformée en loup-garou pour boire son sang et l'envoyer chez le diable sans lui donner seulement le temps de faire un acte de contrition. Mon père ne parla pas de la chose aux Sauvages du camp, mais son premier soin, en descendant à Saint-François, le printemps suivant, fut de s'informer de la sauvagesse qui était revenue au village, prétendant avoir perdu la main droite dans un piège à carcajou. La scélérate était disparue et courait probablement le farfadet parmi les renégats de sa tribu.

— Voilà mon histoire, monsieur l'incrédule, termina le père Pierriche, et je vous assure qu'elle est diablement plus vraie que tout ce que vous venez nous raconter à propos de Lector Langevin, de Monsieur Morgan et de p'tit Baptiste Guèvremont. Tâchez seulement de vous délivrer de Bruneau comme mon défunt père s'est délivré de la sauvagesse, mais, s'il faut en croire Baptiste Rouillard qui cabale de l'autre côté, j'ai bien peur que les rouges nous fassent tous courir le loup-garou, le soir de l'élection. En attendant prenons un aut'coup à la santé de notre candidat et allons nous coucher, chacun chez nous.

LA BÊTE À GRAND'QUEUE

I

C'est absolument comme je te le dis, insista le p'tit Pierriche Desrosiers, j'ai vu moi-même la queue de la bête. Une queue poilue d'un rouge écarlate coupée en sifflet pas loin du… trognon. Une queue de six pieds, mon vieux !

— Oui c'est ben bon de voir la queue de la bête, mais c'vlimeux de Fanfan Lazette est si blagueur qu'il me faudrait d'autre preuve que ça pour le croire sur parole.

— D'abord, continua Pierriche, tu avoueras ben qu'il a tout ce qu'il faut pour se faire poursuivre par la bête à grand'queue. Il est blagueur tu viens de le dire, il aime à prendre la goutte, tout le monde le sait, et ça court sur la huitième année qu'il fait des pâques de renard. S'il faut être sept ans sans faire ses pâques ordinaires pour courir le loup-garou, il suffit de faire des pâques de renard pendant la même période, pour se faire attaquer par la bête à grand'queue. Et il l'a rencontrée en face du manoir de Dautraye, dans les grands arbres qui bordent la route où le soleil ne pénètre jamais, même en plein midi. Juste à la même place où Louison Laroche s'était fait arracher un œil par le maudit animal, il y a environ une dizaine d'années.

Ainsi causaient Pierriche Desrosiers et Maxime Sanssouci, en prenant clandestinement un p'tit coup dans la maisonnette du vieil André Laliberté qui vendait un verre par ci et par là, à ses connaissances, sans trop s'occuper des lois de patente ou des remontrances du curé.

— Et toi, André, que penses-tu de tout ça ? demanda Pierriche. Tu as dû en voir des bêtes à grand'queue dans ton jeune temps. Crois-tu que Fanfan Lazette en ait rencontré une, à Dautraye ?

— C'est ce qu'il prétend, mes enfants, et, comme le voici qui vient prendre sa nippe ordinaire, vous n'avez qu'à le faire jaser lui-même si vous voulez en savoir plus long.

Fanfan Lasette

II

Fanfan Lazette était un mauvais sujet qui faisait le désespoir de ses parents, qui se moquait des sermons du curé, qui semait le désordre dans la paroisse et qui — conséquence fatale — était la coqueluche de toutes les jolies filles des alentours.

Le père Lazette l'avait mis au collège de l'Assomption, d'où il s'était échappé pour aller à Montréal faire un métier quelconque. Et puis il avait passé deux saisons dans les chantiers et était revenu chez son père qui se faisait vieux, pour diriger les travaux de la ferme.

Fanfan était un rude gars au travail, il fallait lui donner cela, et il besognait comme quatre lorsqu'il s'y mettait ; mais il était journalier, comme on dit au pays, et il faisait assez souvent des neuvaines qui n'étaient pas toujours sous l'invocation de saint François-Xavier.

Comme il faisait tout à sa tête, il avait pris pour habitude de ne faire ses pâques qu'après la période de rigueur, et il mettait une espèce de fanfaronnade à ne s'approcher des sacrements qu'après que tous les fidèles s'étaient mis en règle avec les commandements de l'Église.

Bref, Fanfan était un luron que les commères du village traitaient de *pendard*, que les mamans qui avaient des filles à marier craignaient comme la peste et qui passait selon les lieux où on s'occupait de sa personne, pour un bon diable ou pour un mauvais garnement.

Pierriche Desrosiers et Maxime Sanssouci se levèrent pour lui souhaiter la bienvenue et pour l'inviter à prendre un coup, qu'il s'empressa de ne pas refuser.

— Et maintenant, Fanfan, raconte-nous ton histoire de bête à grand'queue. Maxime veut faire l'incrédule et prétend que tu veux nous en faire accroire.

— Ouidà, oui! Eh bien, tout ce que je peux vous dire, c'est que si c'eût été Maxime Sanssouci qui eût rencontré la bête au lieu de moi, je crois qu'il ne resterait plus personne pour raconter l'histoire, au jour d'aujourd'hui.

Et s'adressant à Maxime Sanssouci :

— Et toi, mon p'tit Maxime, tout ce que je te souhaite, c'est de ne jamais te trouver en pareille compagnie ; tu n'as pas les bras assez longs, les reins assez solides et le corps assez raide pour te tirer d'affaire dans une pareille rencontre. Écoute-moi bien et tu m'en diras des nouvelles ensuite.

Et puis :

— André, trois verres de Molson réduit.

III

— D'abord, je n'ai pas d'objection à reconnaître qu'il y a plus de sept ans que je fais des pâques de renard et même, en y réfléchissant bien, j'avouerai que j'ai même passé deux ans sans faire de pâques du tout, lorsque j'étais dans les chantiers. J'avais donc ce qu'il fallait pour rencontrer la bête, s'il faut en croire Baptiste Gallien, qui a étudié ces choses-là dans les gros livres qu'il a trouvés chez le notaire Latour.

Je me moquais bien de la chose auparavant; mais, lorsque je vous aurai raconté ce qui vient de m'arriver à Dautraye, dans la nuit de samedi à dimanche, vous m'en direz des nouvelles. J'étais parti samedi matin avec vingt-cinq poches d'avoine pour aller les porter à Berthier chez Rémi Tranchemontagne et pour en remporter quelques marchandises : un p'tit baril de melasse, un p'tit quart de cassonnade, une meule de fromage, une dame-jeanne de jamaïque et quelques livres de thé pour nos provisions d'hiver. Le grand Sem à Gros-Louis Champagne m'accompagnait et nous faisions le voyage en grand'charrette avec ma pouliche blonde — la meilleure bête de la paroisse, sans me vanter ni la pouliche non plus. Nous étions à Berthier sur les 11 heures de la matinée et, après avoir réglé nos affaires chez Tranchemontagne, déchargé notre avoine, rechargé nos provisions, il ne nous restait plus qu'à prendre un p'tit coup en attendant la fraîche du soir pour reprendre la route de Lanoraie. Le grand Sem Champagne fréquente une petite Laviolette de la petite rivière de Berthier, et il partit à l'avance pour aller farauder sa prétendue jusqu'à l'heure du départ.

Je devais le prendre en passant, sur les huit heures du soir, et, pour tuer le temps, j'allai rencontrer des connaissances chez Jalbert, chez Gagnon et chez Guilmette, où nous payâmes chacun une tournée, sans cependant nous griser sérieusement ni les uns ni les autres. La journée avait été belle, mais sur le soir, le temps devint lourd et je m'aperçus que nous ne tarderions pas à avoir de l'orage. Je serais bien parti vers les six heures, mais j'avais donné rendez-vous au grand Sem à huit heures et je ne voulais pas déranger un garçon qui *gossait* sérieusement et pour le bon motif. J'attendis donc patiemment et je donnai une bonne portion à ma pouliche, car j'avais l'intention de retourner à Lanoraie sur un bon train. À huit heures précises, j'étais à la petite rivière, chez le père Laviolette, où il me fallut descendre prendre un coup et saluer la compagnie. Comme on ne part jamais sur une seule jambe, il fallut en prendre un deuxième pour rétablir l'équilibre, comme dit Baptiste Gallien, et après avoir dit le bonsoir à tout le monde, nous prîmes le chemin du roi. La pluie ne tombait pas encore, mais il était facile de voir qu'on aurait une tempête avant longtemps et je fouettai ma pouliche dans l'espoir d'arriver chez nous avant le grain.

IV

En entrant chez le père Laviolette, j'avais bien remar-
qué que Sem avait pris un coup de trop; et c'est facile à
voir chez lui, car vous savez qu'il a les yeux comme une
morue gelée, lorsqu'il se met en fête, mais les deux derniers coups du départ le finirent complètement et il
s'endormit comme une marmotte au mouvement de la
charrette. Je lui plaçai la tête sur une botte de foin que
j'avais au fond de la voiture et je partis grand train. Mais
j'avais à peine fait une demi-lieue, que la tempête éclata
avec une fureur terrible. Vous vous rappelez la tempête de
samedi dernier. La pluie tombait à torrent, le vent sifflait
dans les arbres et ce n'est que par la lueur des éclairs que
j'entrevoyais parfois la route. Heureusement que ma
pouliche avait l'instinct de me tenir dans le milieu du
chemin, car il faisait noir comme dans un four. Le grand
Sem dormait toujours, bien qu'il fût trempé comme une
lavette. Je n'ai pas besoin de vous dire que j'étais dans le

même état. Nous arrivâmes ainsi jusque chez Louis Trempe dont j'aperçus la maison jaune à la lueur d'un éclair qui m'aveugla, et qui fut suivi d'un coup de tonnerre qui fit trembler ma bête et la fit s'arrêter tout court. Sem lui-même s'éveilla de sa léthargie et poussa un gémissement suivi d'un cri de terreur :

— Regarde, Fanfan ! la bête à grand'queue !

Je me retournai pour apercevoir derrière la voiture, deux grands yeux qui brillaient comme des tisons et tout en même temps, un éclair me fit voir un animal qui poussa un hurlement de *bête-à-sept-têtes* en se battant les flancs d'une queue rouge de six pieds de long. — J'ai la queue chez moi et je vous la montrerai quand vous voudrez ! — Je ne suis guère peureux de ma nature, mais j'avoue que me voyant ainsi, à la noirceur, seul avec un homme saoul, au milieu d'une tempête terrible et en face d'une bête comme ça, je sentis un frisson me passer dans le dos et je lançai un grand coup de fouet à ma jument qui partit comme une flèche. Je vis que j'avais la double chance de me casser le cou dans une coulée ou en roulant en bas de la côte, ou bien de me trouver face à face avec cette fameuse bête à grand'queue dont on m'avait tant parlé, mais à laquelle je croyais à peine. C'est alors que tous mes pâques de renard me revinrent à la mémoire et je promis bien de faire mes devoirs comme tout le monde, si le bon Dieu me tirait de là. Je savais bien que le seul moyen de venir à bout de la bête, si ça en venait à une prise de corps, c'était de lui couper la queue au ras du trognon, et je m'assurai que j'avais bien dans ma poche un bon couteau à ressort de chantier qui coupait comme un rasoir. Tout cela me passa par la tête dans un instant pendant que ma jument galopait comme une déchaînée et que le grand Sem Champagne, à moitié dégrisé par la peur, criait :

— Fouette, Fanfan ! la bête nous poursuit. J'lui vois les yeux dans la noirceur.

Et nous allions un train d'enfer. Nous passâmes le village des Blais et il fallut nous engager dans la route qui longe le manoir de Dautraye. La route est étroite, comme vous savez. D'un côté, une haie en hallier bordée d'un fossé assez profond sépare le parc du chemin, et de l'autre, une rangée de grands arbres longe la côte jusqu'au pont de Dautraye. Les éclairs pénétraient à peine à travers le feuillage des arbres et le moindre écart de la pouliche devait nous jeter soit dans le fossé du côté du manoir, ou briser la charrette en morceaux sur les troncs des grands arbres. Je dis à Sem :

— Tiens-toi bien mon Sem ! Il va nous arriver un accident.

Et vlan ! patatras ! un grand coup de tonnerre éclate et voilà la pouliche affolée qui se jette à droite dans le fossé, et la charrette qui se trouve sens dessus dessous. Il faisait une noirceur à ne pas se voir le bout du nez, mais en me relevant tant bien que mal, j'aperçus au-dessus de moi les deux yeux de la bête qui s'était arrêtée et qui me reluquait d'un air féroce. Je me tâtai pour voir si je n'avais rien de cassé. Je n'avais aucun mal et ma première idée fut de saisir l'animal par la queue et de me garer de sa gueule de possédée. Je me traînai en rampant, et tout en ouvrant mon couteau à ressort que je plaçai dans ma ceinture, et au moment où la bête s'élançait sur moi en poussant un rugissement infernal, je fis un bond de côté et je l'attrapai par la queue que j'empoignai solidement de mes deux mains. Il fallait voir la lutte qui s'ensuivit. La bête, qui sentait bien que je la tenais par le bon bout, faisait des sauts terribles pour me faire lâcher prise, mais je me cramponnais comme un désespéré. Et cela dura pendant au moins un quart d'heure. Je volais à droite, à gauche, comme une casserole au bout de la queue d'un chien, mais je tenais bon. J'aurais bien voulu saisir mon couteau pour la couper, cette maudite queue, mais impossible d'y penser tant que la charogne se démènerait ainsi. À la fin, voyant qu'elle ne pouvait pas me faire lâcher prise la voilà partie sur la route au triple galop, et moi par derrière, naturellement.

Je n'ai jamais voyagé aussi vite que cela de ma vie. Les cheveux m'en frisaient en dépit de la pluie qui tombait toujours à torrent. La bête poussait des beuglements pour m'effrayer davantage et, à la faveur d'un éclair, je m'aperçus que nous filions vers le pont de Dautraye. Je pensais bien à mon couteau, mais je n'osais pas me risquer d'une seule main, lorsqu'en arrivant au pont, la bête tourna vers la gauche et tenta d'escalader la palissade. La maudite voulait sauter à l'eau pour me noyer. Heureusement que son premier saut ne réussit pas, car, avec l'air-d'aller que j'avais acquis, j'aurais certainement fait le plongeon. Elle recula pour prendre un nouvel élan et c'est ce qui me

La bête à grand'queue

donna ma chance. Je saisis mon couteau de la main droite et, au moment où elle sautait, je réunis tous mes efforts, je frappai juste et la queue me resta dans la main. J'étais délivré et j'entendis la charogne qui se débattait dans les eaux de la rivière Dautraye et qui finit par disparaître avec le courant. Je me rendis au moulin où je racontai mon affaire au meunier et nous examinâmes ensemble la queue que j'avais apportée. C'était une queue longue de cinq à six pieds, avec un bouquet de poil au bout, mais une queue rouge écarlate ; une vraie queue de possédée, quoi !

La tempête s'était apaisée et à l'aide d'un fanal, je partis à la recherche de ma voiture que je trouvai embourbée dans un fossé de la route, avec le grand Sem Champagne qui, complètement dégrisé, avait dégagé la pouliche et travaillait à ramasser mes marchandises que le choc avait éparpillées sur la route.

Sem fut l'homme le plus étonné du monde de me voir revenir sain et sauf car il croyait bien que c'était le diable en personne qui m'avait emporté.

Après avoir emprunté un harnais au meunier pour remplacer le nôtre, qu'il avait fallu couper pour libérer la pouliche, nous reprîmes la route du village où nous arrivâmes sur l'heure de minuit.

— Voilà mon histoire et je vous invite chez moi un de ces jours pour voir la queue de la bête. Baptiste Lambert est en train de l'empailler pour la conserver.

V

Le récit qui précède donna lieu, quelques jours plus tard, à un démêlé resté célèbre dans les annales criminelles de Lanoraie. Pour empêcher un vrai procès et les frais ruineux qui s'ensuivent, on eut recours à un arbitrage dont voici le procès-verbal :

« Ce septième jour de novembre 1856, à 3 heures de relevée, nous soussignés, Jean-Baptiste Gallien, instituteur diplômé et maître-chantre de la paroisse de Lanoraie, Onésime Bombenlert, bedeau de la dite paroisse, et Damase Briqueleur, épicier, ayant été choisis comme arbitres du plein gré des intéressés en cette cause, avons rendu la sentence d'arbitrage qui suit dans le différend survenu entre *François-Xavier Trempe*, surnommé *Francis Jean-Jean* et *Joseph*, surnommé *Fanfan Lazette*.

Le sus-nommé F. X. Trempe revendique des dommages-intérêts, au montant de cent francs, au dit Fanfan Lazette, en l'accusant d'avoir coupé la queue de son taureau rouge dans la nuit du samedi, 3 octobre dernier, et d'avoir ainsi causé la mort du dit taureau d'une manière cruelle, illégale et subreptice, sur le pont de la rivière Dautraye près du manoir des seigneurs de Lanoraie.

Le dit Fanfan Lazette nie d'une manière énergique l'accusation du dit F. X. Trempe et la déclare malicieuse et irrévérencieuse, au plus haut degré. Il reconnaît avoir coupé la queue d'un animal connu dans nos campagnes sous le nom de *bête-à-grand'queue*, dans des conditions fort dangereuses pour sa vie corporelle et pour le salut de son âme, mais cela à son corps défendant et parce que c'est le seul moyen reconnu de se débarrasser de la bête.

Et les deux intéressés produisent chacun un témoin pour soutenir leurs prétentions, tel que convenu dans les conditions d'arbitrage.

Le nommé Pierre Busseau engagé au service du dit F. X. Trempe, déclare que la queue produite par le susdit Fanfan Lazette lui paraît être la queue du défunt taureau de son maître, dont il a trouvé la carcasse échouée sur la grève, quelques jours auparavant dans un état avancé de décomposition. Le taureau est précisément disparu dans la nuit du 3 octobre, date où le dit Fanfan Lazette prétend avoir rencontré la *bête-à-grand'queue*. Et ce qui le confirme dans sa conviction, c'est la couleur de la susdite queue du susdit taureau qui quelques jours auparavant, s'était amusé à se gratter sur une barrière récemment peinte en vermillon.

Et se présente ensuite le nommé Sem Champagne, surnommé Sem-à-gros-Louis, qui désire confirmer de la manière la plus absolue les déclarations de Fanfan Lazette, car il était avec lui pendant la tempête du 3 octobre et il a aperçu et vu distinctement la bête à grand'queue telle que décrite dans la déposition du dit Lazette.

En vue de ces témoignages et dépositions et :

Considérant que l'existence de la bête à grand'queue a été de temps immémoriaux reconnue comme réelle, dans nos campagnes, et que le seul moyen de se protéger contre la susdite bête est de lui couper la queue comme paraît l'avoir fait si bravement Fanfan Lazette, un des intéressés en cette cause ;

Considérant, d'autre part, qu'un taureau rouge appartenant à F. X. Trempe est disparu à la même date et que la carcasse a été trouvée, échouée et sans queue, sur la grève du Saint-Laurent par le témoin Pierre Busseau, quelques jours plus tard ;

Considérant, qu'en face de témoignages aussi contradictoires il est fort difficile de faire plaisir à tout le monde, tout en restant dans les bornes d'une décision péremptoire ;

Décidons : —

1. Qu'à l'avenir le dit Fanfan Lazette soit forcé de faire ses pâques dans les conditions voulues par notre Sainte Mère l'Église, ce qui le protégera contre la rencontre des loups-garous, bêtes-à-grand'queue et feux follets quelconques, en allant à Berthier ou ailleurs.

2. Que le dit F. X. Trempe soit forcé de renfermer ses taureaux de manière à les empêcher de fréquenter les

chemins publics et de s'attaquer aux passants dans les ténèbres, à des heures indues du jour et de la nuit.

3. Que les deux intéressés en cette cause, les susdits Fanfan Lazette et F. X. Trempe soient condamnés à prendre la queue coupée par Fanfan Lazette et à la mettre en loterie parmi les habitants de la paroisse afin que la somme réalisée nous soit remise à titre de compensation pour notre arbitrage, pour suivre la bonne tradition qui veut que dans les procès douteux, les juges et les avocats soient rémunérés, quel que soit le sort des plaideurs qui sont renvoyés dos-à-dos, chacun payant les frais.

En foi de quoi nous avons signé,

Jean-Baptiste Gallien,
Onésime Bombenlert,
Damase Briqueleur.

Pour copie conforme,
[H. Beaugrand.]

MACLOUNE

I

Bien qu'on lui eût donné, au baptême, le prénom de Maxime, tout le monde au village l'appelait *Macloune*.

Et cela, parce que sa mère, Marie Gallien, avait un défaut d'articulation qui l'empêchait de prononcer distinctement son nom. Elle disait *Macloune* au lieu de Maxime et les villageois l'appelaient comme sa mère.

C'était un pauvre hère qui était né et qui avait grandi dans la plus profonde et la plus respectable misère.

Son père était un brave batelier qui s'était noyé, alors que Macloune était encore au berceau, et la mère avait réussi tant bien que mal, en allant en journée à droite et à gauche, à traîner une pénible existence et à réchapper la vie de son enfant qui était né rachitique et qui avait vécu et grandi, en dépit des prédictions de toutes les commères des alentours.

Le pauvre garçon était un monstre de laideur. Mal fait au possible, il avait un pauvre corps malingre auquel se trouvaient tant bien que mal attachés de longs bras et de longues jambes grêles qui se terminaient par des pieds et des mains qui n'avaient guère semblance humaine. Il était bancal, boiteux, tortu-bossu comme on dit dans nos campagnes, et le malheureux avait une tête à l'avenant : une véritable tête de macaque en rupture de ménagerie. La nature avait oublié de le doter d'un menton, et deux longues dents jaunâtres sortaient d'un petit trou circulaire qui lui tenait lieu de bouche, comme des défenses de bête féroce. Il ne pouvait pas mâcher ses aliments et c'était une curiosité que de le voir manger.

Son langage se composait de phrases incohérentes et de sons inarticulés qu'il accompagnait d'une pantomime très expressive. Et il parvenait assez facilement à se faire comprendre, même de ceux qui l'entendaient pour la première fois.

En dépit de cette laideur vraiment repoussante et de cette difficulté de langage, Macloune était adoré par sa mère et aimé de tous les villageois.

C'est qu'il était aussi bon qu'il était laid, et il avait deux grands yeux bleus qui vous fixaient comme pour vous dire :

— C'est vrai ! je suis bien horrible à voir, mais tel que vous me voyez, je suis le seul support de ma vieille mère malade et, si chétif que je sois, il me faut travailler pour lui donner du pain.

Et pas un gamin, même parmi les plus méchants, aurait osé se moquer de sa laideur ou abuser de sa faiblesse.

Et puis, on le prenait en pitié parce que l'on disait au village qu'une sauvagesse avait jeté un *sort* à Marie Gallien, quelques mois avant la naissance de Macloune. Cette sauvagesse était une faiseuse de paniers qui courait les campagnes et qui s'enivrait, dès qu'elle avait pu amasser assez de gros sous pour acheter une bouteille de whiskey; et c'était alors une orgie qui restait à jamais gravée dans la mémoire de ceux qui en étaient témoins. La malheureuse courait par les rues en poussant des cris de bête fauve et en s'arrachant les cheveux. Il faut avoir vu des Sauvages sous l'influence de l'alcool pour se faire une idée de ces scènes vraiment infernales. C'est dans une de ces occasions que la sauvagesse avait voulu forcer la porte de la maisonnette de Marie Gallien et qu'elle avait maudit la pauvre femme, à demi morte de peur, qui avait refusé de la laisser entrer chez elle.

Et l'on croyait généralement au village que c'était la malédiction de la sauvagesse qui était la cause de la laideur de ce pauvre Macloune. On disait aussi, mais sans l'affirmer catégoriquement, qu'un quéteux de Saint-Michel de Yamaska qui avait la réputation d'être un peu sorcier, avait jeté un autre sort à Marie Gallien parce que la pauvre femme n'avait pu lui faire l'aumône, alors qu'elle était elle-même dans la plus grande misère, pendant ses relevailles, après la naissance de son enfant.

II

Macloune avait grandi en travaillant, se rendant utile lorsqu'il le pouvait et toujours prêt à rendre service, à faire une commission, ou à prêter la main lorsque l'occasion se présentait. Il n'avait jamais été à l'école et ce n'est que très tard, à l'âge de treize ou quatorze ans, que le curé du village lui avait permis de faire sa première communion. Bien qu'il ne fût pas ce que l'on appelle un simple d'esprit, il avait poussé un peu à la diable et son intelligence qui n'était pas très vive n'avait jamais été cultivée. Dès l'âge de dix ans, il aidait déjà à sa mère à faire bouillir la marmite et à amasser la provision de bois de chauffage pour l'hiver. C'était généralement sur la grève du Saint-Laurent qu'il passait des heures entières à recueillir les bois flottants qui descendaient avec le courant pour s'échouer sur la rive.

Macloune avait développé de bonne heure un penchant pour le commerce et le brocantage et ce fut un grand jour pour lui, lorsqu'il put se rendre à Montréal pour y acheter quelques articles de vente facile, comme du fil, des aiguilles, des boutons, qu'il colportait ensuite dans un panier avec des bonbons et des fruits. Il n'y eut plus de misère dans la petite famille à dater de cette époque, mais le pauvre garçon avait compté sans la maladie qui commença à s'attaquer à son pauvre corps déjà si faible et si cruellement éprouvé.

Mais Macloune était brave, et il n'y avait guère de temps qu'on ne l'aperçut sur le quai, au débarcadère des bateaux à vapeur, les jours de marché, ou avant et après la grand'messe, tous les dimanches et fêtes de l'année. Pendant les longues soirées d'été, il faisait la pêche dans les eaux du fleuve, et il était devenu d'une habileté peu commune pour conduire un canot, soit à l'aviron pendant les jours de calme, soit à la voile lorsque les vents étaient favorables. Pendant les grandes brises du nord-est, on apercevait parfois Macloune seul, dans son canot, les cheveux au vent, louvoyant en descendant le fleuve ou filant vent arrière vers les îles de Contrecœur.

Pendant la saison des fraises, des framboises et des *bluets* il avait organisé un petit commerce de gros qui lui rapportait d'assez beaux bénéfices. Il achetait ces fruits des villageois pour aller les revendre sur les marchés de Montréal. C'est alors qu'il fit la connaissance d'une pauvre fille qui lui apportait ses bluets de la rive opposée du fleuve, où elle habitait, dans la concession de la Petite-Misère.

III

La rencontre de cette fille fut toute une révélation dans l'existence du pauvre Macloune. Pour la première fois il avait osé lever les yeux sur une femme et il en devint éperdument amoureux.

La jeune fille, qui s'appelait Marie Joyelle, n'était ni riche, ni belle. C'était une pauvre orpheline maigre, chétive, épuisée par le travail, qu'un oncle avait recueillie par charité et que l'on faisait travailler comme une esclave en échange d'une maigre pitance et de vêtements de rebut qui suffisaient à peine pour la couvrir décemment. La pauvrette n'avait jamais porté de chaussures de sa vie et un petit châle noir à carreaux rouges servait à lui couvrir la tête et les épaules.

Le premier témoignage d'affection que lui donna Macloune fut l'achat d'une paire de souliers et d'une robe d'indienne à ramages qu'il apporta un jour de Montréal et qu'il offrit timidement à la pauvre fille, en lui disant, dans son langage particulier :

— Robe, mam'selle, souliers, mam'selle. Macloune achète ça pour vous. Vous prendre, hein?

Et Marie Joyelle avait accepté simplement devant le regard d'inexprimable affection dont l'avait enveloppée Macloune en lui offrant son cadeau.

C'était la première fois que la pauvre Marichette, comme on l'appelait toujours, se voyait l'objet d'une offrande qui ne provenait pas d'un sentiment de pitié. Elle avait compris Macloune, et sans s'occuper de sa laideur et de son baragouinage, son cœur avait été profondément touché.

Et à dater de ce jour-là, Macloune et Marichette s'aimèrent, comme on s'aime lorsque l'on a dix-huit ans, oubliant que la nature avait fait d'eux des êtres à part qu'il ne fallait même pas penser à unir par le mariage.

Macloune dans sa franchise et dans sa simplicité raconta à sa mère ce qui s'était passé, et la vieille Marie Gallien trouva tout naturel que son fils eût choisi une bonne amie et qu'il pensât au mariage.

Tout le village fut bientôt dans le secret, car le dimanche suivant Macloune était parti de bonne heure, dans son canot, pour se rendre à la Petite-Misère dans le but de prier Marichette de l'accompagner à la grand'messe à Lanoraie. Et celle-ci avait accepté sans se faire prier, trouvant la demande absolument naturelle puisqu'elle avait accepté Macloune comme son cavalier, en recevant ses cadeaux.

Marichette se fit belle pour l'occasion. Elle mit sa robe à ramages et ses souliers français ; il ne lui manquait plus qu'un chapeau à plumes comme en portaient les filles de Lanoraie, pour en faire une demoiselle à la mode. Son oncle, qui l'avait recueillie, était un pauvre diable qui se trouvait à la tête d'une nombreuse famille et qui ne demandait pas mieux que de s'en débarrasser en la mariant au premier venu ; et autant, pour lui, valait Macloune qu'un autre.

Il faut avouer qu'il se produisit une certaine sensation, dans le village, lorsque sur le troisième coup de la grand'messe Macloune apparut donnant le bras à Marichette. Tout le monde avait trop d'affection pour le pauvre garçon pour se moquer de lui ouvertement, mais on se détourna la tête pour cacher des sourires qu'on ne pouvait supprimer entièrement.

Les deux amoureux entrèrent dans l'église sans paraître s'occuper de ceux qui s'arrêtaient pour les regarder, et allèrent se placer à la tête de la grande allée centrale, sur des bancs de bois réservés aux pauvres de la paroisse.

Et là, sans tourner la tête une seule fois, et sans s'occuper de l'effet qu'ils produisaient, ils entendirent la messe avec la plus grande piété.

Ils sortirent de même qu'ils étaient entrés, comme s'ils eussent été seuls au monde et ils se rendirent tranquillement à pas mesurés, chez Marie Gallien où les attendait le dîner du dimanche.

— Macloune a fait une « blonde » ! Macloune va se marier !

— Macloune qui fréquente la Marichette!

Et les commentaires d'aller leur train parmi la foule qui se réunit toujours à la fin de la grand'messe, devant l'église paroissiale, pour causer des événements de la semaine.

— C'est un brave et honnête garçon, disait un peu tout le monde, mais il n'y avait pas de bon sens pour un singe comme lui, de penser au mariage.

C'était là le verdict populaire!

Le médecin qui était célibataire et qui dînait chez le curé tous les dimanches, lui souffla un mot de la chose pendant le repas, et il fut convenu entre eux qu'il fallait empêcher ce mariage à tout prix. Ils pensaient que ce serait un crime de permettre à Macloune malade, infirme, rachitique et difforme comme il l'était, de devenir le père d'une progéniture qui serait vouée d'avance à une condition d'infériorité intellectuelle et de décrépitude physique. Rien ne pressait cependant et il serait toujours temps d'arrêter le mariage lorsqu'on viendrait mettre les bans à l'église.

Et puis! ce mariage; était-ce bien sérieux, après tout?

IV

Macloune qui ne causait guère que lorsqu'il y était forcé par ses petites affaires, ignorait tous les complots que l'on tramait contre son bonheur. Il vaquait à ses occupations selon son habitude, mais chaque soir, à la faveur de l'obscurité, lorsque tout reposait au village, il montait dans son canot et traversait à la Petite-Misère, pour y rencontrer Marichette qui l'attendait sur la falaise afin de l'apercevoir de plus loin. Si pauvre qu'il fût, il trouvait toujours moyen d'apporter un petit cadeau à sa bonne amie : un bout de ruban, un mouchoir de coton, un fruit, un bonbon qu'on lui avait donné et qu'il avait conservé, quelques fleurs sauvages qu'il avait cueillies dans les champs ou sur les bords de la grande route. Il offrait cela toujours avec le même :

— Bôjou Maïchette !

— Bonjour Macloune !

Et c'était là toute leur conversation. Ils s'asseyaient sur

Elle l'attendait, sur la falaise afin de l'apercevoir de plus loin.

le bord du canot que Macloune avait tiré sur la grève et ils attendaient là, quelque fois pendant une heure entière, jusqu'au moment où une voix de femme se faisait entendre de la maison.

— Marichette! oh! Marichette!

C'était la tante qui proclamait l'heure de rentrer pour se mettre au lit.

Les deux amoureux se donnaient tristement la main en se regardant fixement, les yeux dans les yeux et :

— Bôsoi Maïchette!

— Bonsoir Macloune!

Et Marichette rentrait au logis et Macloune retournait à Lanoraie.

Les choses se passaient ainsi depuis plus d'un mois, lorsqu'un soir Macloune arriva plus joyeux que d'habitude.

— Bôjou Maïchette!

— Bonjour Macloune!

Et le pauvre infirme sortit de son gousset une petite boîte en carton blanc d'où il tira un jonc d'or bien modeste qu'il passa au doigt de la jeune fille.

— Nous autres, mariés à Saint-Michel. Hein! Maïchette!

— Oui Macloune! quand tu voudras.

Et les deux pauvres déshérités se donnèrent un baiser bien chaste pour sceller leurs fiançailles.

Et ce fut tout.

Le mariage étant décidé pour la Saint-Michel il n'y avait plus qu'à mettre les bans à l'église. Les parents consentaient au mariage et il était bien inutile de voir le notaire pour le contrat, car les deux époux commence-raient la vie commune dans la misère et dans la pauvreté. Il ne pouvait être question d'héritage, de douaire et de séparation ou de communauté de biens.

Le lendemain, sur les quatre heures de relevée, Macloune mit ses habits des dimanches et se dirigea vers le presbytère où il trouva le curé qui se promenait dans les allées de son jardin, en récitant son bréviaire.

— Bonjour Maxime!

Le curé seul, au village, l'appelait de son véritable nom.

— Bôjou mosieur curé!

— J'apprends, Maxime, que tu as l'intention de te marier.

— Oui! mosieur curé.

— Avec Marichette Joyelle de Contrecœur?

— Oui! mosieur curé.

— Il n'y faut pas penser, mon pauvre Maxime. Tu n'as pas les moyens de faire vivre une femme. Et ta pauvre mère, que deviendrait-elle sans toi pour lui donner du pain?

Macloune qui n'avait jamais songé qu'il pût y avoir des objections à son mariage, regarda le curé d'un air désespéré, de cet air d'un chien fidèle qui se voit cruelle-ment frappé par son maître sans comprendre pourquoi on le maltraite ainsi.

— Eh non! mon pauvre Maxime, il n'y faut pas pen-ser. Tu es faible, maladif. Il faut remettre cela à plus tard, lorsque tu seras en âge.

Macloune atterré ne pouvait pas répondre. Le respect qu'il avait pour le curé l'en aurait empêché, si un sanglot qu'il ne put comprimer, et qui l'étreignait à la gorge, ne l'eût mis dans l'impossibilité de prononcer une seule parole.

Tout ce qu'il comprenait, c'est qu'on allait l'empêcher d'épouser Marichette et dans sa naïve crédulité il considérait l'arrêt comme fatal. Il jeta un long regard de reproche sur celui qui sacrifiait ainsi son bonheur, et sans songer à discuter le jugement qui le frappait si cruellement, il partit en courant vers la grève qu'il suivit, pour rentrer à la maison, afin d'échapper à la curiosité des villageois qui l'auraient vu pleurer. Il se jeta dans les bras de sa mère qui ne comprenait rien à sa peine. Le pauvre infirme sanglota ainsi pendant une heure et aux questions réitérées de sa mère ne put que répondre :

— Mosieur curé veut pas moi marier Maïchette. Moi mourir, maman !

Et c'est en vain que la pauvre femme, dans son langage baroque, tenta de le consoler. Elle irait elle-même voir le curé et lui expliquerait la chose. Elle ne voyait pas pourquoi on voulait empêcher son Macloune d'épouser celle qu'il aimait.

V

Mais Macloune était inconsolable. Il ne voulut rien manger au repas du soir et aussitôt l'obscurité venue, il prit son aviron et se dirigea vers la grève, dans l'intention évidente de traverser à la Petite-Misère pour y voir Marichette.

Sa mère tenta de le dissuader car le ciel était lourd, l'air était froid et de gros nuages roulaient à l'horizon. On allait avoir de la pluie et peut-être du gros vent. Mais Macloune n'entendit point ou fit semblant de ne pas comprendre les objections de sa mère. Il l'embrassa tendrement en la serrant dans ses bras et sautant dans son canot, il disparut dans la nuit sombre.

Marichette l'attendait sur la rive à l'endroit ordinaire. L'obscurité l'empêcha de remarquer la figure bouleversée de son ami et elle s'avança vers lui avec la salutation accoutumée :

— Bonjour Macloune !

— Bôjou Maïchette !

Et la prenant brusquement dans ses bras, il la serra violemment contre sa poitrine en balbutiant des phrases incohérentes entrecoupées de sanglots déchirants :

— Tu sais Maïchette… Mosieur Curé veut pas nous autres marier… to pauvres, nous autres… to laid, moi… to laid… to laid, pour marier toi… moi veux plus vivre… moi veux mourir.

Et la pauvre Marichette comprenant le malheur terrible qui les frappait, mêla ses pleurs aux plaintes et aux sanglots du malheureux Macloune.

Et ils se tenaient embrassés dans la nuit noire, sans s'occuper de la pluie qui commençait à tomber à torrents et du vent froid du nord qui gémissait dans les grands peupliers qui bordent la côte.

Des heures entières se passèrent. La pluie tombait toujours ; le fleuve agité par la tempête était couvert d'écume et les vagues déferlaient sur la grève en venant couvrir, par intervalle, les pieds des amants qui pleuraient et qui balbutiaient des lamentations plaintives en se tenant embrassés.

Les pauvres enfants étaient trempés par la pluie froide, mais ils oubliaient tout dans leur désespoir. Ils n'avaient ni l'intelligence de discuter la situation, ni le courage de secouer la torpeur qui les envahissait.

Ils passèrent ainsi la nuit et ce n'est qu'aux premières lueurs du jour qu'ils se séparèrent dans une étreinte convulsive. Ils grelottaient en s'embrassant, car les pauvres haillons qui les couvraient, les protégeaient à

Ils se tenaient embrassés dans la nuit noire

peine contre la bise du nord qui soufflait toujours en tempête.

Était-ce par pressentiment ou simplement par déses-poir qu'ils se dirent :

— Adieu, Macloune !

— Adieu, Maïchette !

Et la pauvrette trempée et transie jusqu'à la moelle, claquant des dents, rentra chez son oncle où l'on ne s'était pas aperçu de son absence, tandis que Macloune lançait son canot dans les roulins et se dirigeait vers Lanoraie. Il avait vent contraire et il fallait toute son habileté pour empêcher la frêle embarcation d'être submergée dans les vagues.

Il en eut bien pour deux heures d'un travail incessant avant d'atteindre la rive opposée.

Sa mère avait passé la nuit blanche à l'attendre, dans une inquiétude mortelle. Macloune se mit au lit tout épuisé, grelottant, la figure enluminée par la fièvre ; et tout ce que put faire la pauvre Marie Gallien, pour réchauffer son enfant, fut inutile.

Le docteur appelé vers les neuf heures du matin déclara qu'il souffrait d'une pleurésie mortelle et qu'il fal-lait appeler le prêtre au plus tôt.

Le bon curé apporta le viatique au moribond qui gémissait dans le délire et qui balbutiait des paroles incompréhensibles. Macloune reconnut cependant le prêtre qui priait à ses côtés et il expira en jetant sur lui un regard de doux reproche et d'inexprimable désespérance et en murmurant le nom de Marichette.

VI

Un mois plus tard, à la Saint-Michel, le corbillard des pauvres conduisait au cimetière de Contrecœur, Marichette Joyelle morte de phtisie galopante chez son oncle de la Petite-Misère.

Ces deux pauvres déshérités de la vie, du bonheur et de l'amour n'avaient même pas eu le triste privilège de se trouver réunis dans la mort, sous le même tertre, dans un coin obscur du même cimetière.

LE PÈRE LOUISON

I

C'était un grand vieux, sec, droit comme une flèche, comme on dit au pays, au teint basané, et la tête et la figure couvertes d'une épaisse chevelure et d'une longue barbe poivre et sel.

Tous les villageois connaissaient le père Louison, et sa réputation s'étendait même aux paroisses voisines ; son métier de canotier et de passeur le mettait en relations avec tous les étrangers qui voulaient traverser le Saint-Laurent, large en cet endroit d'une bonne petite lieue.

On l'avait surnommé le *Grand Tronc* et c'était généralement par ce sobriquet cocasse qu'on le désignait lorsqu'on glosait sur son compte. Pourquoi le *Grand Tronc* ? Mystère ! car le père Louison n'avait rien pour rappeler cette voie ferrée qui provoquait de si acrimonieuses discussions dans les réunions politiques de l'époque. Quelques-uns disaient que le nom provenait de la longueur de son canot creusé tout d'une pièce dans un tronc d'arbre gigantesque.

Si tout le monde, au village, connaissait le *Grand Tronc*, personne ne pouvait en dire autant de son histoire.

Il était arrivé à L..., il y avait bien longtemps — les anciens disaient qu'il y avait au moins vingt-cinq ans — sans tambour ni trompette. Il avait acheté sur les bords du Saint-Laurent, tout près de la grève et à quelques arpents de l'église, un petit coin de terre grand comme la main, où il avait construit une misérable cahute sur les ruines d'une cabine de bateau qu'il avait trouvée, un beau matin, échouée sur une batture voisine.

Il gagnait péniblement sa vie à traverser les voyageurs d'une rive à l'autre du Saint-Laurent et à faire la pêche depuis la débâcle des glaces jusqu'aux derniers jours d'automne. Il était certain de prendre la première anguille, le premier doré, le premier achigan et la première alose de la saison. Il faisait aussi la chasse à l'outarde, au canard, au pluvier, à l'alouette et à la bécasse avec un long fusil à pierre qui paraissait dater du régime français.

On ne le rencontrait jamais sans qu'il eût, soit son aviron, soit son fusil, soit sa canne de pêche sur l'épaule et il allait tranquillement son chemin, répondant amicalement d'un signe de tête aux salutations amicales de la plupart et aux timides coups de chapeaux des enfants qui le considéraient bien tous comme un croquemitaine qu'il fallait craindre et éviter.

Si l'on ignorait sa véritable histoire, on ne s'en était pas moins fait un devoir religieux de lui en broder une, plutôt mauvaise que bonne, car le père Louison aimait et

Le père Louison

pratiquait trop la solitude pour être devenu populaire parmi les villageois. Il se contentait généralement d'aller offrir sa pêche ou sa chasse à ses clients ordinaires : le curé, le docteur, le notaire et le marchand du village, et si le poisson ou le gibier était exceptionnellement abondant, il allait écouler le surplus sur les marchés de Joliette, de Sorel et de Berthier.

Si on se permettait parfois de gloser sur son compte, on ne pouvait cependant pas l'accuser d'aucun méfait, car sa réputation d'intégrité était connue à dix lieues à la ronde. Il avait même risqué sa vie à plusieurs reprises pour sauver des imprudents ou des malheureux qui avaient failli périr dans les eaux du Saint-Laurent, et il s'était notamment conduit avec la plus grande bravoure pendant une tempête de serouet qui avait jeté un grand nombre de bateaux à la côte, en volant à la rescousse des naufragés avec son grand canot.

M. le curé affirmait de plus que le père Louison était un brave homme qui s'acquittait avec la plus grande ponctualité de ses devoirs religieux. Toujours prêt à rendre un service qu'on lui demandait, il se faisait toutefois un devoir de ne jamais rien demander lui-même et c'était là probablement ce qu'on ne lui pardonnait pas. Le monde est si drôlement et si capricieusement égoïste.

Chaque soir, à la brunante des longs jours d'été, le vieillard allait mouiller son canot à deux ou trois encâblures de la rive, dans un endroit où il tendait son *varveau* ou ses lignes dormantes. Assis au milieu de son embarcation il restait là dans la plus parfaite immobilité jusqu'à une heure avancée de la nuit. Sa silhouette se découpait d'abord nette et précise sur le miroir du fleuve endormi, mais prenait bientôt les lignes indécises d'un tableau de Millet, dans l'obscurité, alors que l'on n'entendait plus que le murmure des petites vagues paresseuses qui venaient caresser le sable argenté de la grève.

La frayeur involontaire qu'inspirait le père Louison n'existait pas seulement chez les enfants, mais plus d'une fillette superstitieuse, en causant avec son amoureux, sous les grands peupliers qui bordent la côte, avait serré convulsivement le bras de son cavalier en voyant au large s'estomper le canot du vieux pêcheur dans les dernières lueurs crépusculaires.

Bref, le pauvre vieux passeur était plutôt craint qu'aimé au village et les gamins trottinaient involontairement lorsqu'ils apercevaient au loin sa figure taciturne.

II

Il y avait à L…, un mauvais garnement, comme il s'en trouve dans tous les villages du monde, et ce gamin détestait tout particulièrement le père Louison dont il avait cependant une peur terrible. Le vieux pêcheur avait attrapé notre polisson, un jour que celui-ci était en train de battre cruellement un pauvre chien barbet qu'il avait inutilement tenté de noyer. Le vieillard avait tout simplement tiré les oreilles du gamin en le menaçant de faire connaître sa conduite à ses parents.

Or, le père du gamin en question était un mauvais coucheur nommé Rivet, qui cherchait plutôt qu'il n'évitait une querelle, et un matin que le père Louison réparait tranquillement ses filets devant sa cabane, il s'entendit apostropher :

— Eh ! dites donc, vous, là, le *Grand Tronc* ! qui est-ce qui vous a permis de mettre la main sur mon garçon ?

— Votre garçon battait cruellement un chien qu'il

n'avait pu noyer et j'ai cru vous rendre service en l'empê-
chant de martyriser un pauvre animal qui ne se défendait
même pas.

— Ça n'était pas de vos affaires, répondit Rivet, et je
ne sais pas ce qui me retient de vous faire payer tout de
suite les tapes que vous avez données à mon fils.

Et l'homme élevait la voix d'un ton menaçant et
quelques curieux s'étaient déjà réunis pour savoir ce dont
il s'agissait.

— Pardon, mon ami, répondit le vieillard tranquillement. Ce que j'ai fait, je l'ai fait pour bien faire, et vous
savez de plus que je n'ai fait aucun mal à votre enfant.

— Ça ne fait rien. Vous n'aviez pas le droit de le tou-
cher, et il s'avança la main haute sur le vieux pêcheur qui
continuait tranquillement à refaire les mailles de son filet.
Le vieillard leva les yeux, alors qu'il était trop tard pour
parer un coup de poing qui l'atteignit en pleine figure,
sans lui faire cependant grand mal.

Il fallut voir la transformation qui s'opéra dans toute
la physionomie du père Louison à cet affront brutal. Il se
redressa de toute sa hauteur, rejeta violemment le filet qu'il
tenait des deux mains, et bondit comme une panthère sur
l'audacieux qui venait de le frapper sans provocation.

Ses yeux lançaient des éclairs de colère, et avant qu'on
eût pu l'en empêcher, il avait saisi son adversaire par les
flancs et le soulevant comme il aurait fait d'un enfant, au-
dessus de sa tête, et à la longueur de ses longs bras, il le
lança avec une violence inouïe sur le sable de la grève, en
poussant un mugissement de bête fauve.

Le pauvre diable, qui avait pensé s'attaquer à un vieillard impotent, venait de réveiller la colère et la puissance d'un hercule. Il tomba sans connaissance, incapable de se relever ou de faire le moindre mouvement.

Le père Louison le considéra pendant un instant, un seul, et, se précipitant sur lui, le ramassa de nouveau, en s'avançant vers les eaux du fleuve, le tint un instant suspendu en l'air et le rejeta avec force sur le sable mouillé et durci par les vagues. La victime était déjà à demi morte et s'écrasa avec un bruit mat comme celui d'un sac de grain qu'on laisse tomber par terre.

Les spectateurs, qui devenaient nombreux, n'osaient pas intervenir et regardaient timidement cette scène tragique.

Avant même qu'on eût pu faire un pas pour l'arrêter, le vieux pêcheur s'était encore précipité sur Rivet et cette fois, le tenant au bout de ses bras, il était entré dans l'eau, en courant, dans l'intention évidente de le noyer.

Une clameur s'éleva parmi la foule:

— Il va le noyer! il va le noyer!

Et, en effet, le père Louison avançait toujours dans les eaux qui lui montaient déjà jusqu'à la taille. Il n'allait plus si vite, mais il continua toujours jusqu'à ce qu'il en eût jusqu'aux aisselles; alors, balançant le pauvre Rivet deux ou trois fois au-dessus de sa tête, il le plongea dans le fleuve, à une profondeur où il aurait fallu être bon nageur pour pouvoir regagner la rive.

Le vieillard parut ensuite hésiter un instant, comme pour bien s'assurer que sa victime était disparue sous les eaux, puis il regagna le rivage à pas mesurés et alla s'enfermer dans sa misérable cabine, sans qu'aucun des curieux qui se trouvaient sur son passage eût osé lever la main ou même ouvrir la bouche pour demander grâce pour la vie du malheureux Rivet.

Dès que le père Louison eut disparu, tous se précipitèrent cependant vers les canots qui se trouvaient là, pour voler au secours du noyé qui n'avait pas encore reparu à la surface. Mais l'émotion du moment empêchait plutôt qu'elle n'accélérait les mouvements de ces hommes de bonne volonté et le pauvre Rivet aurait certainement perdu la vie, si des sauveteurs inattendus n'étaient venus à la rescousse.

Une *cage* descendait au large avec le courant et un canot d'écorce contenant deux hommes s'en était détaché. Il n'était plus qu'à deux ou trois arpents du village lorsque le père Louison s'était avancé dans le fleuve pour y précipiter son agresseur. Les deux hommes du canot avaient suivi toutes les péripéties du drame, et au moment où le corps du pauvre Rivet reparaissait sur l'eau après quelques minutes d'immersion, ils purent le saisir par ses habits et le déposer dans leur embarcation aux applaudissements de la foule qui grossissait toujours sur la rive.

Deux coups d'aviron vigoureusement donnés par les deux voyageurs firent atterrir le canot et l'on débarqua le corps inanimé du pauvre Rivet pour le déposer sur la grève en attendant l'arrivée du curé et du médecin qu'on avait envoyé chercher.

Ce n'était pas trop tôt, car l'asphyxie était presque complète, et il fallut recourir à tous les moyens que prescrit la science pour les secours aux noyés, afin de ramener un signe de vie chez le malheureux Rivet dont la femme et les enfants étaient accourus sur les lieux et remplissaient l'air de leurs lamentations et de leurs cris de désespoir.

Le curé avait pris la précaution de donner l'absolution *in articulo mortis*, mais l'homme de science déclara avant longtemps qu'il y avait lieu d'espérer et l'on transporta le moribond chez lui, où il reçut la visite et les soins empressés de toutes les commères du village.

III

S'il était vrai que le père Louison jouissait de la réputation d'un homme paisible et inoffensif et que Rivet, au contraire, passait pour un homme grincheux et querelleur, une vengeance aussi terrible pour un simple coup de poing ne pouvait manquer, néanmoins, de produire une émotion générale chez tous les habitants de L...

Le curé, le notaire, le médecin et les autres notables de l'endroit se réunirent le même soir chez le capitaine de milice, qui était en même temps le magistrat de la paroisse, pour délibérer sur ce qu'il convenait de faire dans des circonstances aussi graves.

Il fut décidé de tenir une enquête dès le lendemain matin et d'appeler le père Louison à comparaître devant le magistrat, en attendant que le médecin pût se prononcer d'une manière définitive sur l'état du malade qui paraissait s'améliorer assez sensiblement, cependant, pour écarter toute idée de mort prochaine ou même probable.

Le bailli du village fut chargé d'aller prévenir le vieux pêcheur d'avoir à se présenter le lendemain matin à neuf heures à la salle publique du village où se tiendrait l'enquête préliminaire et cette nouvelle, jetée en pâture aux bonnes femmes, eut bientôt fait le tour du *fort*, comme on dit encore dans nos campagnes.

Le père Louison n'avait pas reparu depuis qu'il s'était renfermé dans sa cabane. Aussi n'était-ce pas sans un sentiment de terreur que le bailli s'était approché pour frapper à sa porte, afin de lui communiquer les ordres du magistrat.

— Monsieur Louison! monsieur Louison! fit-il, d'une voix basse et tremblante.

Mais à sa grande surprise la porte s'ouvrit immédiatement et le vieillard s'avança tranquillement :

— Qu'y a-t-il à votre service Jean Thomas?

— Monsieur le magistrat m'a dit de vous informer qu'il désirait vous voir, demain matin, à la salle publique pour… pour…

— Très bien, Jean Thomas, dites à M. le magistrat que je serai là à l'heure voulue.

Et il referma tranquillement la porte comme si rien d'extraordinaire n'était arrivé et comme s'il avait répondu à un client qui lui aurait demandé une brochée d'anguilles ou de *crapets*.

IV

Le lendemain, à l'heure dite, la salle publique était comble et le médecin annonça tout d'abord que Rivet continuait à prendre du mieux. Un soupir de soulagement s'échappa de toutes les poitrines et l'enquête commença.

Le père Louison avait été ponctuel à l'ordre du magistrat, mais il se tenait assis, seul, dans un coin, plié en deux, les coudes sur les genoux, et la tête dans les deux mains.

À l'appel du magistrat qui lui demanda de raconter les événements de la veille, tout en lui disant qu'il n'était pas forcé de s'incriminer, il se leva tranquillement et récita, les yeux baissés, et d'une voix navrante de regret et de honte, tout ce qui s'était passé, sans en oublier le moindre incident. Il termina par ces mots :

— Je me suis laissé emporter par un accès de colère insurmontable et je me suis emporté comme une brute et non comme un chrétien. Je vous en demande pardon,

M. le magistrat, j'en demande pardon à Rivet et à sa famille et j'en demande pardon à MM. les habitants du village qui ont été témoins du grand scandale que j'ai causé par ma colère et par ma brutalité. Je remercie Dieu d'avoir épargné la vie de Rivet et je suis prêt à subir le châtiment que j'ai mérité.

— Heureusement pour vous, père Louison, répondit le magistrat, que la vie de Rivet n'est pas en danger, car il m'aurait fallu vous envoyer en prison. Il faut cependant que votre déposition soit corroborée et je demande aux voyageurs qui ont sauvé Rivet de raconter ce qu'ils ont vu, ce qu'ils ont fait et ce qui s'est passé à leur connaissance, pendant l'affaire d'hier.

Le plus âgé des voyageurs, qui était un enfant de la paroisse revenant de passer l'hiver dans les chantiers de la Gatineau, raconta simplement les faits du sauvetage et corrobora la déposition du père Louison. Son compagnon qui était aussi un homme de la soixantaine, s'avançait pour raconter son histoire lorsqu'il se trouva face à face avec l'accusé qu'il n'avait pas encore vu. Il le regarda bien en face, hésita un instant, puis d'une voix où se mêlaient la crainte et l'étonnement :

— Louis Vanelet !

Le père Louison leva la tête dans un mouvement involontaire de terreur et regarda l'homme qui venait de prononcer ce nom, inconnu dans la paroisse de L…

Les regards des deux hommes s'entrecroisèrent comme deux lames d'acier qui se choquent dans un battement d'épée préliminaire, puis s'abaissèrent aussitôt ; et le vieil *homme de cages* raconta le sauvetage auquel il avait pris part et le drame dont il avait été témoin, sans faire aucune autre allusion à ce nom qu'il venait de jeter en pâture à la curiosité publique.

Il était évident, qu'en dépit des pénibles événements de la veille, les sympathies de l'auditoire se portaient vers le père Louison et personne ne fit trop attention, si ce n'est le magistrat, à l'*a parte* qui venait de se produire entre le témoin et l'accusé. D'ailleurs, on est naturellement porté à l'indulgence chez nos habitants de la campagne, et l'enquête fut promptement terminée par le magistrat, qui enjoignit simplement au vieux pêcheur de retourner chez lui, de vaquer à ses occupations et de se tenir à la disposition de la justice.

La foule se dispersa lentement et le père Louison retourna s'enfermer dans sa cahute pour échapper aux regards curieux qui l'obsédaient.

Le magistrat, avant de s'éloigner, s'approcha du dernier témoin et lui intima l'ordre de venir le voir, chez lui, le soir même, à huit heures. Il voulait lui causer.

V

Fidèle au rendez-vous qui lui avait été imposé, le vieux voyageur se trouva, à l'heure dite, en présence du juge, du curé et du notaire qui s'étaient réunis pour la circonstance.

Il se doutait bien un peu de la raison qui avait provoqué sa convocation devant ce tribunal d'un nouveau genre. Aussi ne fut-il pas pris par surprise lorsqu'on lui demanda à brûle-pourpoint :

— Vous connaissez le père Louison depuis longtemps et vous lui avez donné le nom de Louis Vanelet, ce matin, à l'audience.

— C'est vrai, monsieur le juge, répondit le voyageur sans hésiter.

— Dites-nous alors où, quand et comment, vous avez fait sa connaissance ?

— Oh! il y a longtemps, bien longtemps. C'était au temps de mon premier voyage à la Gatineau. Nous faisions chantier pour les Gilmour et Louis Vanelet et moi nous bûchions dans le même camp. C'était un bon travaillant, un bon équarrisseur et un bon garçon. Tout le monde aimait surtout à lui entendre raconter des histoires, le soir, autour de la cambuse. Un jour, une escouade de travailleurs nous arriva pour partager notre chantier et il y en avait un parmi les nouveaux arrivants qui connaissait Vanelet et qui venait de la même paroisse que lui, aux environs de Montréal. Ils se saluèrent à peine et il était évident qu'il y avait eu gribouille entr'eux. Rien d'extraordinaire ne vint d'abord troubler la bonne entente, jusqu'à ce qu'un jour, Vanelet vint me trouver et me demanda de lui servir de témoin dans une lutte à coups de poings, qu'il devait avoir le lendemain avec son coparoissien. « Nous aimons, me dit-il, la même fille, au pays, et comme nous ne pouvons l'épouser tous deux, nous voulons régler l'affaire par une partie de boxe. » La proposition me parut assez raisonnable, car on se bat volontiers et pour de bien petites raisons dans les chantiers. J'acceptai donc et le lendemain matin, de bonne heure, avant l'heure des travaux, les deux adversaires étaient face-à-face dans une clairière voisine. La bataille commença assez rondement; mais à peine les premiers coups avaient-ils été portés que Vanelet était absolument hors de lui-même, dans un accès de fureur noire. Plus fort et plus adroit que son adversaire, il lui portait des coups terribles sous lesquels l'autre s'écrasait comme sous des coups de massue. J'essayai vainement, avec l'autre témoin, d'intervenir pour faire cesser la lutte, mais Vanelet, fou de rage et fort comme un taureau, frappait toujours jusqu'à ce que son adversaire, les yeux pochés et la figure ensanglantée perdît connaissance et ne pût se relever. Alors Vanelet le saisit et le balançant au bout de ses bras, le lança sur la neige durcie et glacée qui recouvrait le sol. Le pauvre diable était sans connaissance et le sang lui sortait par le nez et par les oreilles. Vanelet allait de nouveau se précipiter sur sa victime lorsque nous nous jetâmes sur lui et c'est avec la plus grande peine que nous réussîmes à empêcher un meurtre. Jamais je n'avais vu un homme aussi fort, dans une fureur aussi terrible. Il se calma cependant après quelques instants et s'enfuit comme un fou à travers la forêt. Mon compagnon se rendit au chantier pour obtenir un traîneau afin de transporter le corps inanimé de notre camarade. Bien que nous fussions au mois de février et en pleine forêt, très éloignés de toute habitation, Louis Vanelet disparut du chantier. Je l'ai revu hier pour la première fois depuis cette époque mémorable, car aucun de nous ne savait ce qu'il était devenu. Le pauvre homme qu'il avait presque assommé resta pendant longtemps entre la vie et la mort et nous le ramenâmes, au printemps, dans un pitoyable état, pour le renvoyer dans sa famille. J'ai appris depuis qu'il s'était rétabli et qu'il avait fini par épouser celle pour qui il avait failli sacrifier sa vie.

Le magistrat, le curé et le notaire après avoir écouté attentivement cette histoire, se consultèrent longuement et finirent par décider qu'en vue du caractère irascible du père Louison, de ses colères terribles et de sa force herculéenne, il fallait faire un exemple et le traduire devant la Cour Criminelle qui siégeait à Sorel.

Le bailli recevrait des instructions à cet effet.

VI

Lorsque le représentant de la loi se rendit, le lendemain matin, pour opérer l'arrestation de Louis Vanelet, il trouva la cabane vide. Le vieillard, pendant la nuit avait disparu en emportant dans son canot, ses engins de chasse et de pêche. Personne ne l'avait vu partir et l'on ignorait la direction qu'il avait prise.

Quelques jours plus tard, le capitaine d'un bateau de L… racontait que pendant une forte bourrasque de nord-est, il avait rencontré sur le lac Saint-Pierre un long canot flottant au gré des vagues et des vents.

Il avait cru reconnaître l'embarcation du père Louison, mais le canot était vide et à moitié rempli d'eau.

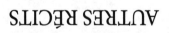

AUTRES RÉCITS

LE FANTÔME DE L'AVARE

Légende du jour de l'an

(1875)

C'était la veille du jour de l'an de grâce 1858.

Il faisait un froid sec et mordant.

La grande route qui longe la rive nord du Saint-Laurent de Montréal à Berthier était couverte d'une épaisse couche de neige, tombée avant la Noël.

Les chemins étaient lisses comme une glace de Venise. Aussi, fallait-il voir, si les fils des fermiers à l'aise des paroisses du fleuve, se plaisaient à *pousser* leurs chevaux fringants qui passaient comme le vent au son des joyeuses clochettes de leurs harnais argentés.

Entrons dans une belle maison bâtie en pierre, aux fenêtres étincelantes de lumière, située à mi-chemin, entre les églises de Lavaltrie et de Lanoraie.

Autour d'une table immense, surchargée de beignes et de pâtés traditionnels, se presse une nichée d'enfants de tous les âges, qui font disparaître les mets avec une rapidité étonnante.

Il est d'usage, que chaque famille canadienne donne un festin au dernier jour de chaque année, afin de pouvoir saluer, à minuit, avec toutes les cérémonies voulues, l'arrivée de l'inconnue qui nous apporte à tous, une part de joies et de douleurs.

Il était dix heures du soir.

Les bambins, poussés par le sommeil, se laissaient les uns après les autres, rouler sur les robes de buffle qui avaient été étendues autour de l'immense poêle à fourneau de la cuisine.

Seuls, les parents et les jeunes gens voulaient tenir tête à l'heure avancée, et se souhaiter mutuellement une bonne et heureuse année, avant de se retirer pour la nuit.

Une fillette vive et alerte, qui voyait la conversation languir, se leva tout à coup, et allant déposer un baiser respectueux sur le front du grand-père de la famille, vieillard presque centenaire, lui dit d'une voix qu'elle savait irrésistible :

— Grand-père, redis-nous, je t'en prie, l'histoire de ta rencontre avec l'esprit de ce pauvre Jean Pierre Beaudry — que Dieu ait pitié de son âme — que tu nous racontas l'an dernier, à pareille époque. C'est une histoire bien triste il est vrai, mais ça nous aidera à passer le temps en attendant minuit.

— Oui! oui! grand-père; l'histoire du jour de l'an, répétèrent en chœur, les convives qui étaient presque tous les descendants du vieillard.

— Mes enfants, reprit d'une voix tremblotante, l'aïeul aux cheveux blancs, depuis bien longtemps, je vous répète à la veille de chaque jour de l'an, cette histoire de ma jeunesse. Je suis bien vieux, et peut-être pour la dernière fois, vais-je vous la redire ici ce soir. Soyez tout attention, et remarquez surtout, la punition terrible que

Dieu réserve à ceux qui, en ce monde, refusent l'hospitalité au voyageur en détresse.

Le vieillard approcha son fauteuil du poële, et ses enfants ayant fait cercle autour de lui, il s'exprima en ces termes :

— Il y a de cela, soixante-dix ans aujourd'hui. J'avais 20 ans alors.

Sur l'ordre de mon père, j'étais parti de grand matin pour Montréal, afin d'aller y acheter divers objets pour la famille ; entr'autres, une magnifique dame-jeanne de Jamaïque, qui nous était absolument nécessaire, pour traiter dignement les amis à l'occasion du nouvel an. À trois heures de l'après-midi, j'avais fini mes achats, et je me préparais à reprendre la route de Lanoraie. Mon *brelot* était assez bien rempli et comme je voulais être de retour chez nous avant neuf heures, je fouettai vivement mon cheval qui partit au grand trot. À cinq heures et demie, j'étais à la traverse du bout-de-l'île, et j'avais jusqu'alors fait bonne route. Mais le ciel s'était couvert peu-à-peu et tout faisait présager une forte bordée de neige. Je m'engageai sur la traverse, mais avant que j'eusse atteint Repentigny, il neigeait à plein temps. J'ai vu de fortes tempêtes de neige durant ma vie, mais je ne m'en rappelle aucune, qui fût aussi terrible que celle-là. Je ne voyais ni ciel ni terre, et à peine pouvais-je suivre le *chemin du roi* devant moi ; les *balises* n'ayant pas encore été posées comme l'hiver n'était pas avancé. Je passai l'église Saint-Sulpice à la brunante ; mais bientôt, une obscurité profonde et une poudrerie qui me fouettait la figure, m'empêchèrent complètement d'avancer. Je n'étais pas bien certain de la localité où je me trouvais, mais je croyais alors être dans les environs de la ferme du père Robillard. Je ne crus pouvoir faire mieux, que d'attacher mon cheval à un pieu de la clôture du chemin, et de me diriger à l'aventure à la recherche d'une maison pour y demander l'hospitalité en attendant que la tempête fût apaisée. J'errai pendant quelques minutes, et je désespérais de réussir, quand j'aperçus, sur la gauche de la grande route, une masure à demi ensevelie dans la neige et que je ne me rappelais pas avoir jamais vue. Je me dirigeai en me frayant avec peine un passage dans les bancs de neige, vers cette maison que je crus tout d'abord abandonnée. Je me trompais cependant ; la porte en était fermée mais je pus apercevoir par la fenêtre, la lueur rougeâtre d'un bon feu de *bois franc* qui brûlait dans l'âtre. Je frappai et j'entendis aussitôt les pas d'une personne qui s'avançait pour m'ouvrir. Au *qui est là?* traditionnel, je répondis en grelottant que j'avais perdu ma route, et j'eus le plaisir immédiat d'entendre mon interlocuteur lever le loquet. Il n'ouvrit la porte qu'à moitié, pour empêcher autant que possible le froid de pénétrer dans l'intérieur, et j'entrai en secouant mes vêtements qui étaient couverts d'une couche épaisse de neige.

— Soyez le bienvenu, me dit l'hôte de la masure, en me tendant une main qui me parut brûlante, et en m'aidant à me débarrasser de ma ceinture fléchée et de mon capot d'étoffe du pays.

Je lui expliquai en peu de mots la cause de ma visite et après l'avoir remercié de son accueil bienveillant, et avoir accepté un verre d'eau de vie qui me réconforta, je pris place sur une chaise boiteuse qu'il m'indiqua de la main au coin du foyer. Il sortit, en me disant qu'il allait sur la route, quérir mon cheval et ma voiture, pour les mettre sous une remise, à l'abri de la tempête.

Je ne pus m'empêcher de jeter un regard curieux sur l'ameublement original de la pièce où je me trouvais. Dans un coin, un misérable banc-lit sur lequel était étendue une peau de buffle, devait servir de couche au grand vieillard aux épaules voûtées qui m'avait ouvert la porte. Un ancien fusil datant probablement de la domination française était accroché aux soliveaux en bois brut qui soutenaient le toit en chaume de la maison. Plusieurs têtes de chevreuils, d'ours et d'orignaux étaient suspendues comme trophées de chasse, aux murailles blanchies à la chaux. Près du foyer une bûche de chêne solitaire semblait être le seul siège vacant que le maître de céans eût à offrir au voyageur qui par hasard, frappait à sa porte pour lui demander l'hospitalité.

Je me demandai qui pouvait être l'individu qui vivait ainsi en sauvage en pleine paroisse de Saint-Sulpice, sans que j'en eusse jamais entendu parler. Je me torturai en vain la tête, moi qui connaissais tout le monde, depuis Lanoraie jusqu'à Montréal, mais je n'y voyais goutte. Sur ces entrefaites, mon hôte rentra et vint, sans dire mot, prendre place vis-à-vis de moi, à l'autre coin de l'âtre.

— Grand merci de vos bons soins, lui dis-je, mais voudriez-vous bien m'apprendre, à qui je dois une hospitalité aussi franche. Moi qui connais la paroisse de

Saint-Sulpice comme mon *pater*, j'ignorais jusqu'aujour-
d'hui qu'il y eût une maison située à l'endroit qu'occupe
la vôtre, et votre figure m'est inconnue.

En disant ces mots, je le regardai en face, et j'observai
pour la première fois, les rayons étranges que produisaient les yeux de mon hôte; on aurait dit les yeux d'un
chat sauvage. Je reculai instinctivement mon siège en
arrière, sous le regard pénétrant du vieillard qui me
regardait en face, mais qui ne me répondait pas. Le silence
devenait fatigant, et mon hôte me fixait toujours de ses
yeux brillants comme les tisons du foyer.

Je commençais à avoir peur.

Rassemblant tout mon courage, je lui demandai de
nouveau son nom. Cette fois, ma question eut pour effet
de lui faire quitter son siège. Il s'approcha de moi à pas
lents, et posant sa main osseuse sur mon épaule tremblante, il me dit d'une voix triste comme le vent qui
gémissait dans la cheminée :

« Jeune homme, tu n'as pas encore vingt ans, et tu
demandes comment il se fait que tu ne connaisses pas
Jean Pierre Beaudry jadis le richard du village. Je vais te le
dire, car ta visite ce soir me sauve des flammes du purgatoire où je brûle depuis cinquante ans, sans avoir jamais
pu jusqu'aujourd'hui remplir la pénitence que Dieu
m'avait imposée. Je suis celui qui jadis, par un temps
comme celui-ci, avait refusé d'ouvrir sa porte à un voyageur épuisé par le froid, la faim et la fatigue. »

Mes cheveux se hérissaient, mes genoux s'entrecho-
quaient et je tremblais comme la feuille du peuplier pen-

dant les fortes brises du nord. Mais, le vieillard sans faire attention à ma frayeur, continuait toujours d'une voix lente :

« Il y a de cela cinquante ans. C'était bien avant que l'Anglais eût jamais foulé le sol de ta paroisse natale. J'étais riche, bien riche et je demeurais alors dans la maison où je te reçois, ici, ce soir. C'était la veille du jour de l'an, comme aujourd'hui, et seul près de mon foyer, je jouissais du bien être d'un abri contre la tempête et d'un bon feu qui me protégeait contre le froid qui faisait craquer les pierres des murs de ma maison. On frappa à ma porte, mais j'hésitai d'ouvrir. Je craignais que ce ne fût quelque voleur, qui, sachant mes richesses, ne vînt pour me piller, et qui sait, peut-être m'assassiner. »

« Je fis la sourde oreille et après quelques instants, les coups cessèrent. Je m'endormis bientôt, pour ne me réveiller que le lendemain au grand jour, au bruit infernal que faisaient deux jeunes gens du voisinage qui ébranlaient ma porte à grands coups de pied. Je me levais à la hâte pour aller les châtier de leur impudence, quand j'aperçus en ouvrant la porte, le corps inanimé d'un jeune homme qui était mort de froid et de misère sur le seuil de ma maison. J'avais par amour pour mon or, laissé mourir un homme qui frappait à ma porte et j'étais presqu'un assassin. Je devins fou de douleur et de repentir. »

« Après avoir fait chanter un service solennel pour le repos de l'âme du malheureux, je divisai ma fortune entre les pauvres des environs, en priant Dieu d'accepter ce sacrifice, en expiation du crime que j'avais commis. Deux ans plus tard, je fus brûlé vif dans ma maison et je dus aller rendre compte à mon créateur, de ma conduite sur cette terre que j'avais quittée d'une manière si tragique. Je ne fus pas trouvé digne du bonheur des élus et je fus condamné, à revenir à la veille de chaque nouveau jour de l'an, attendre ici qu'un voyageur vînt frapper à ma porte, afin que je pusse lui donner cette hospitalité que j'avais refusée de mon vivant à un de mes semblables. Pendant cinquante hivers je suis venu, par l'ordre du bon Dieu, passer ici la nuit du dernier jour de chaque année, sans que jamais un voyageur dans la détresse ne vînt frapper à ma porte. Vous êtes enfin venu ce soir, et Dieu m'a pardonné. Soyez à jamais béni d'avoir été la cause de ma délivrance des flammes du purgatoire, et croyez que quoiqu'il vous arrive ici bas, je prierai Dieu pour vous là-haut… »

Le revenant, car c'en était un, parlait encore, quand succombant aux émotions terribles de frayeur et d'étonnement qui m'agitaient, je perdis connaissance…

Je me réveillai dans mon brelot, sur le chemin du roi, vis-à-vis l'église de Lavaltrie.

La tempête s'était apaisée et j'avais sans doute, sous la direction de mon hôte de l'autre monde, repris la route de Lanoraie.

Je tremblais encore de frayeur quand j'arrivai ici à 1 heure du matin, et que je racontai aux convives assemblés, la terrible aventure qui m'était arrivée.

Mon défunt père, que Dieu ait pitié de son âme — nous fit mettre à genoux, et nous récitâmes le rosaire, en reconnaissance de la protection spéciale dont j'avais été trouvé digne, pour faire sortir ainsi des souffrances du purgatoire, une âme en peine qui attendait depuis si longtemps sa délivrance. Depuis cette époque, jamais nous n'avons manqué, mes enfants, de réciter à chaque anniversaire de ma mémorable aventure, un chapelet en l'honneur de la Vierge Marie, pour le repos des âmes des pauvres voyageurs qui sont exposés au froid et à la tempête.

Quelques jours plus tard, en visitant Saint-Sulpice, j'eus l'occasion de raconter mon histoire au curé de cette paroisse. J'appris de lui, que les régistres de son église faisaient en effet mention de la mort tragique du nommé Jean Pierre Beaudry, dont les propriétés étaient alors situées où demeure maintenant le petit Pierre Sansregret. Quelques esprits forts ont prétendu que j'avais rêvé sur la route. Mais où avais-je donc appris les faits et les noms se rattachant à l'incendie de la ferme du défunt Beaudry dont je n'avais jusqu'alors jamais entendu parler ? M. le curé de Lanoraie, à qui je confiai l'affaire, ne voulut rien en dire, si ce n'est que le doigt de Dieu était en toutes choses et que nous devions bénir son saint Nom.

À genoux mes enfants ! Prions pour les voyageurs égarés.

UNE LÉGENDE
DU NORD PACIFIQUE

(1893)

Sous ce titre le Daily Advertiser *de Yokohama publie le texte d'une conférence que notre directeur, M. H. Beaugrand, a faite en anglais, à bord du steamer* Empress of China *au mois de septembre dernier, à l'occasion d'une représentation organisée à bord au bénéfice de la caisse des naufragés. Il est bon d'ajouter à titre de note explicative que la traversée avait été très orageuse et que le lundi, 26 septembre, est le jour que l'on a dû retrancher du calendrier en traversant le 180ième degré de longitude, méridien de Greenwich.*

Voici comment cela est arrivé :

C'était pendant la soirée calme et embaumée de lundi dernier, 26 septembre. Veuillez bien remarquer la date.

Pour la première fois depuis notre départ de Vancouver, le 18 courant, nous avions joui d'une journée de soleil, d'une température délicieuse avec une mer aussi calme, aussi transparente dans son calme, d'un bleu ou d'un vert — je ne me rappelle plus lequel, — aussi beau dans sa transparence que celle que les annonces extraordinaires du chemin de fer Pacifique Canadien promettent pour toutes les saisons de l'année.

La cloche du quart venait de sonner ses huit coups de relevée et les passagers venaient de se lever de table après avoir fait honneur à un dîner somptueux, bien préparé et bien servi, dont le menu eût été digne de Bignon, Voisin, Ledoyen de Paris, du Delmonico ou du Brunswick de New York.

Dans le cours de la journée, le commandant de notre excellent paquebot avait prouvé aux passagers qu'il pouvait filer ses 19 nœuds, ainsi que le Pacifique Canadien l'avait également annoncé, et, dans la satisfaction que lui procurait l'accomplissement de cette promesse, il arpentait le pont jetant un regard d'orgueil sur la famille multicolore et cosmopolite qu'il était appelé à présider pendant une période de quinze jours de soucis et de responsabilités de toutes sortes.

Les officiers subalternes du navire, dans la gloire de leurs galons d'or et de leurs boutons de cuivre, jetaient des regards furtifs du côté des membres les plus délicats du beau sexe, prêts alors, comme ils le sont toujours, à offrir l'appui d'un bras vigoureux, l'hommage d'une protection admirative en même temps que l'assurance de la possibilité d'une promenade délicieuse et de causeries agréables sur les planches immaculées de cette partie du pont affectée au promenoir.

Les enfants sautaient sur la corde et leurs éclats de rire se répercutaient sous les auvents remplaçant, pour quelques courts instants du moins, les derniers rayons du soleil d'automne qui venait de disparaître sous les vagues murmurantes, quelque part dans la direction du Kamchatka.

Tous les passagers ici présents se rappellent, n'est-ce pas, cette soirée délicieuse de lundi dernier, le 26 septembre ? Et ses incidents doivent avoir été relatés dans mainte longue et intéressante lettre qui retraversera l'Océan Pacifique pour retourner vers les êtres chéris restés au foyer, en Amérique ou en Europe.

Un événement d'un intérêt inusité s'était produit dans le cours de la journée parmi la classe la moins aisée des passagers de race mongole, en bas, dans l'entrepont. Quelques dignes missionnaires, qui s'en vont en Orient faire une campagne de sauvetage spirituel, avaient réussi à faire entrevoir à quelques-uns des Chinois les perspectives d'une vie plus pure, meilleure et plus profitable, et une réunion d'actions de grâces devait avoir lieu dans le salon de deuxième classe, pour remercier le Seigneur d'avoir, à cette période peu avancée de leur voyage, béni les travaux de ceux qui prétendent représenter en ce monde tout ce qu'il y a de pur, d'honorable et de désintéressé, dans cette vallée de larmes qui est appelée, par antithèse, probablement, l'ère glorieuse du progrès du XIXe siècle et de l'Exposition universelle de Chicago.

Sur le pont de promenade en haut, dans une autre partie du navire vulgairement connue sous le nom de fumoir, où l'on fume la pipe, le cigare et la cigarette, où des *cocktails* sont mixtionnés et bus, et où quelques fois l'on joue aux cartes, — oh ! seulement des parties inoffensives de whist et de solitaire, je vous l'assure — une autre réunion avait été convoquée par l'élément profane des passagers du navire, au nom de la société pour l'avancement de la science nautique afin d'entendre une dissertation scientifique par son digne président, le major Hutchison, sur la possibilité, pour un navire de la force et de la rapidité de l'*Empress of China*, de faire tant de milles en 24 heures, étant donnés certaines conditions. Les problèmes mathématiques les plus difficiles des projections et des logarithmes nautiques de Mercator, de la hauteur du soleil à midi au-dessus de l'horizon, de la position de certaines étoiles la nuit, du nombre des révolutions par minute des deux hélices jumelles du paquebot, furent discutés à fond et élucidés avec l'aide du premier officier, M. Metcalfe. Et l'enthousiasme scientifique de ceux qui étaient présents fut chauffé à tel point que chacun se déclara prêt à appuyer sa conviction d'un pari de trois, quatre ou cinq dollars, que la course du navire atteindrait une moyenne totale de 350 à 380 milles jusqu'à midi le jour suivant. L'homme de science dont les conjectures se rapprocheraient le plus de la vérité devait recueillir le total des paris qui seraient dépensés au Japon et appliqués à des recherches scientifiques quelconques, selon le caprice du gagnant dans la parfaite sincérité de son amour pour la science et pour le progrès moderne.

Depuis mon départ de Vancouver j'ai constamment souffert d'une attaque aiguë d'asthme bronchique, et, si profond que soit mon dévouement pour la science, il ne pouvait me permettre de respirer à travers les nuages de fumée qui s'étaient accumulés lentement dans la salle. Un violent accès de toux me chassa sur le pont à la recherche de l'air frais, et j'allai m'asseoir dans l'un des fauteuils du navire, dans un coin isolé, également bien protégé contre le vent et contre la brume salée provenant de l'écume des flots. Je m'endormis au bruit du clapotement des vagues le long du navire, interrompu de temps à autres par la voix des hommes de science réunis dans le fumoir :

« N° 357. Combien m'offre-t-on pour le N° 357 ? $1, $1.50, $2.00, $2.50, $3.00, $3.50, une fois, $3.50, deux fois, $3.50, trois fois. Adjugé au docteur Cummings, pour $3.50. Numéro gagnant, pour sûr. Le tout dans l'intérêt de la science, messieurs. — N° 358. »

Et tout rentra dans le silence ; et lorsque je me retournai dans le fauteuil, dans l'espoir de faire un petit somme avant de me retirer définitivement pour la nuit, je m'aperçus que le siège voisin du mien était occupé par un petit homme brun, portant une longue chevelure et une longue barbe noire et revêtu du costume oriental. Il s'était accroupi sur ses talons, à la façon orientale, et ses brillants yeux noirs étaient délibérément fixés sur les miens dans un regard amical propre à encourager la conversation.

L'une de mes passions dominantes étant de causer avec les types étrangers et intéressants de toutes les couleurs, de toutes les origines, de toutes les nationalités et de toutes les croyances, j'engageai de suite le dialogue en français en lui adressant ces paroles sympathiques :

« Bonsoir, Monsieur ! Un temps superbe, n'est-ce pas ? »

Et, à ma grande stupéfaction, le petit homme brun répondit dans la même langue, s'informant si j'allais au Japon, si j'y séjournerais longtemps et cherchant évidemment à découvrir jusqu'à quel point j'étais renseigné sur l'histoire passée et présente de ce merveilleux pays. J'avouai franchement que mes renseignements étaient très incomplets et que c'était précisément pour les augmenter que je me dirigeais vers le pays du soleil levant. C'était mon tour de poser des questions, et je lui demandai depuis combien de temps il était en Amérique, comment il aimait le pays et ce qu'il en pensait. Ceci amena le sourire sur ses lèvres et il répondit :

« Ma connaissance de l'Amérique remonte à une époque que les premiers découvreurs blancs du continent colombien auraient, de leur vivant, qualifiée de préhistorique. Vous souriez d'un air incrédule. Vous changerez peut-être d'avis lorsque je vous dirai qui je suis, et jusqu'à quel point, dans l'océan insondé et inexploré des âges, remonte ma connaissance de votre continent. Mon nom ne figure pas sur la liste des passagers du navire, ma figure est inconnue à tous les mortels qui sont à bord. Je vais et je viens comme il me plaît, comme l'oiseau dont l'aile effleure l'océan dans le sillage du navire, apparaissant et disparaissant à volonté, ne répondant qu'à l'appel de Celle qui habite dans les profondeurs du Lac-Sacré dans les forteresses naturelles de l'île de Yéso. Je suis l'un des messagers de la Reine des Aïnos, qui a d'abord peuplé et colonisé le Japon dans le temps que vos historiens aiment à appeler l'époque fabuleuse de l'histoire de notre pays. Mah tu-an-Ling, l'historien chinois parle de l'existence de notre race pendant le 34e cycle chinois, correspondant à environ 1000 ans avant l'apparition de votre Christ sur la terre. Des conquérants venus de la Corée s'établirent d'abord dans l'île de Kiusu, puis continuèrent vers le nord jusqu'à Yéso. Ce fut alors que notre race, succombant sous le nombre, fut vaincue et persécutée par les Mogols et que nous cherchâmes un refuge dans les forteresses naturelles des montagnes de Yéso, tandis que d'autres, chassés du pays s'embarquèrent dans des bateaux, prirent la mer en se dirigeant vers l'Est. Ils allèrent d'abord aux îles Kourile d'où ils atteignirent ensuite les premières îles du groupe Aléoutien. Ces îles étaient arides et stériles et les moins pauvres ne pouvaient fournir la subsistance qu'à un nombre très limité de nos gens. Ils poursuivirent leur route encore plus loin vers l'est, occupant chaque île sur leur passage, jusqu'à ce qu'ils eurent atteint la plus orientale. Leur nombre était encore tellement considérable qu'ils résolurent de pousser encore plus loin jusqu'à la pointe occidentale de l'Alaska. Là, ils trouvèrent un continent assez vaste pour les nourrir tous. Ils y vécurent et augmentèrent en nombre. Quelques-uns d'entre eux ayant décidé d'habiter la partie septentrionale du nouveau continent devinrent les ancêtres des Innuits ou Eskimos, qui errent encore aujourd'hui depuis le détroit de Behring jusqu'aux montagnes glacées du Groenland, formant la grande famille Tinneh. D'autres, cherchant un climat plus doux, se dirigèrent vers le sud, s'étendant, dans leurs migrations, en rameaux nombreux et formant les nations que vous autres, Chrétiens, avez nommées les Iroquois, les Mohicans, Péquots, Algonquins, Abénakis, Outaouais, Illinois, Otchipes, Pieds Noirs, Hurons, Utes, Sioux, Cherokees, Choctaws, Séminoles et autres. Ceux qui suivirent les rives de l'Océan Pacifique trouvèrent un pays plus fertile et plus beau, et grâce à des influences plus favorables, devinrent plus nombreux, plus entreprenants et plus puissants, formant bientôt cette terrible tribu des Toltèques qui habitèrent d'abord le Mexique et y fondèrent le puissant empire découvert et conquis plus tard par Cortez. À leur tour, les Toltèques avaient été écrasés par les Aztèques, venus du nord, mais ces derniers succombèrent, eux aussi, devant la valeur incomparable du chef espagnol, devant la bravoure et l'énergie indomptable de ses guerriers bardés de fer. Ai-je besoin de vous dire que des milliers d'années s'étaient écoulées pendant que s'accomplissait cette transformation ? Les Aïnos avaient été chassés de leurs foyers et ceux qui étaient restés étaient devenus un peuple conquis et opprimé. Notre reine, dans son palais humide du Grand Lac des montagnes de Yéso avait reçu le don de l'immortalité en récompense de ses nombreuses vertus et moi, son esclave, depuis l'époque de la première migration de nos gens en Amérique, j'ai été son messager fidèle, resté vivant pour lui obéir pendant une longue suite de siècles, et tous les cinquante ans j'ai visité nos frères de l'Amérique pour faire rapport de leur condition à ma sublime maîtresse et souveraine.

J'étais en Amérique, lors de l'arrivée de Colomb et de ses compagnons et je me suis hâté de retourner à Yéso pour y porter cette importante nouvelle. Du haut de la tour du Grand Temple du Dieu de la guerre, j'ai vu la fuite de l'empereur mexicain Guatimozin et sa capture par les Espagnols. En 1527 et en 1542 j'ai contemplé, du haut de la Sacrée Tour du guet du Puéblo de Santa Fé, l'arrivée de Cabeza de Vaca et de Coronado, et la conquête subséquente du Nouveau Mexique, alors nommé la Nouvelle Grenade. Puis, sur les rives du Saint-Laurent, arriva l'expédition commandée par le découvreur français Jacques Cartier, et l'occupation subséquente du Canada par les Français. Plus tard, au printemps de 1562, j'ai appris l'arrivée en Floride du Huguenot Français Jean Ribault, son établissement sur la côte, le massacre des protestants français par l'Espagnol Adelantado Menendez et la terrible vengeance exercée sur les Espagnols par Dominique de Gourgues. En 1585, j'ai vu avec intérêt, les premiers colons anglais arriver dans la Caroline du Nord, et subséquemment en Virginie, au Maryland et, *last but not least*, l'arrivée de Miles Standish et de ses compagnons à Plymouth en 1620. Depuis lors j'ai suivi et rapporté à ma souveraine les changements merveilleux qui se sont produits dans l'Amérique du Nord. La persécution et la dispersion subséquente de nos frères par tous les blancs, Anglais, Français ou Espagnols, sont pour vous des faits de l'histoire moderne. Je n'aborderai donc aucun de ces sujets bien connus. Je me bornerai à parler de deux nations distinctes, parmi nos frères américains, qui sont restées exemptes de toutes les souillures provenant de ce qu'il vous plaît d'appeler votre civilisation d'Occident. Les Esquimaux, au Nord, ont été protégés par le terrible climat de leur pays, contre les empiètements des Caucasiens, et, en dépit des expéditions de Cabot, Drake, Hudson, Baffin, Behring, Mackenzie, Vancouver, Ross, Parry, sir John Franklin, Collinson, McClure, Nares, Kane, Hall, De Long, Greely et Schwatzka, ces braves enfants de la race des Aïnos sont restés libres et fidèles à l'allégeance de leurs ancêtres.

L'autre brave phalange de nos frères qui se cramponnent encore aux traditions de leur race, se compose des Puéblos du Nouveau Mexique. Ils ont conservé leurs croyances, leur forme de gouvernement municipal, leur langue et leur liberté. Ils vivent comme leurs pères vivaient il y a mille ans et ils entretiennent nuit et jour dans leurs Estufas le feu sacré qui ne doit pas s'éteindre avant l'avènement de Montézuma. Ils continuent dans le présent la vie d'un long passé de fidélité et conservent un fervent espoir en l'avenir. Vous me demanderez peut-être des preuves de ce que j'avance, mais si vous m'interrogez sur ce point, je vous demanderai l'explication du vaste groupe de ruines qui étaient déjà des ruines lorsque les Espagnols ont conquis le Mexique et l'Amérique Centrale. Le Yucatan en est couvert et les restes de Palenque, de Mitla et d'Uxmal peuvent être comparés à ceux de Thèbes ou de l'antique Égypte mais ne sauraient être expliqués par vos savants. Pourquoi les poteries fabriquées par les Puéblos d'aujourd'hui à Zuni ou à Taos ressemblent-elles si singulièrement aux poteries de l'ancien Japon ? Dites-moi qui a construit et qui a habité les cavernes de pierre (*cliff-dwellings*) du Colorado méridional, du Nouveau-Mexique et de l'Arizona ? Et quels sont les peuples qui ont alvéolé les rochers à pic des *Canons* des rivières Mancos, Colorado et Yucca ? Qui a construit les remparts (*mounds*) de la vallée du Mississipi ? Dites-moi tout cela et je répondrai à vos questions si vous en avez à me poser. »

Je gardai le silence et le petit Aïno à la barbe noire attendit quelques instants, puis sauta à bas de son siège dans l'intention évidente de se préparer à partir.

« Et dites bien à vos hommes sages qui nous appellent barbares, à vos missionnaires qui nous traitent de païens, que notre histoire peut, sous plus d'un rapport, être comparée à la leur. Lorsque, il y a environ deux cent cinquante ans, nous avons exécuté quelques-uns de vos missionnaires à Nagazaki, vos gens brûlaient des sorcières à Salem, persécutaient les Quakers dans le Rhode-Island, torturaient les Juifs en Espagne, assassinaient les Huguenots en France et faisaient griller les catholiques en Angleterre ; le tout au nom d'un Dieu de Sainteté, de Pardon et de Miséricorde. »

Et le messager de la reine des Aïnos détala en clignant de l'œil, en m'envoyant du bout des doigts un baiser d'adieu et en me disant : « *Adieu mon ami* » sur le ton blasé d'un gandin se promenant au Piccadilly ou sur le Boulevard des Italiens.

Et comme je me levais pour regarder en bas de

l'escalier par où le messager avait disparu, j'entendis une voix du fumoir qui criait :

« N° 380 ! messieurs, le dernier et le meilleur chiffre. Combien m'en offre-t-on ? $5, 6.00, 6.50, 7.00, 7.50, 8.00, 8.50, 9.00, 9.50, 10.00, 10.00, 10.00, une fois, deux fois, trois fois. Le numéro 380 est vendu pour 10.00 à Jessie.

« Jessie ? Qui est-il ?

« Le major Hutchison règlera le compte sur demande. »

Et la réunion de la Société pour l'avancement de la science nautique à bord du paquebot de la malle royale *Empress of China*, fut ajournée à six heures le lendemain pour le *cocktail* du matin.

Et tout cela est arrivé, mesdames et messieurs, lundi le 26 septembre. Je ne vous demande qu'à remarquer la date et vous verrez de suite que mon histoire est absolument exacte.

LES HANTISES DE L'AU-DELÀ

(1902)

Je ne donne guère dans le spiritisme ou dans l'occultisme, comme on dit maintenant, et je suis plutôt sceptique. Je n'ai jamais pu, cependant, me faire une opinion bien arrêtée sur certaines choses ou événements extraordinaires qui semblent inexplicables par les lois ordinaires de la nature.

On a créé le mot télépathie pour qualifier certaines coïncidences curieuses de sensations, de sentiments ou d'affections entre des personnes séparées par de longues distances. Le mot est bien 20ème siècle dans son étymologie comme dans sa consonance.

Morse nous a donné le télégraphe, Edison le téléphone, le phonographe et le kinétographe, père du cinématographe. J'aimerais à connaître l'inventeur ou l'auteur de la télépathie.

Jusqu'à présent, je ne connaissais guère que Tesla et Marconi, qui ont découvert la télégraphie sans fils conducteurs. On s'adresse maintenant des messages à travers les airs par des vagues ou courants atmosphériques, invisibles, impalpables et absolument inconnus. On a, paraît-il, fait la même chose par des courants terrestres.

C'est la télépathie scientifique, si tant est que l'on puisse dire d'une chose inexplicable qu'elle est scientifique. C'est d'un triple exemple d'une espèce de télépathie dont je vais vous raconter les détails qui me sont personnels.

Rien d'absolument étrange, rien d'impossible, physiquement parlant, mais curieuses, très curieuses coïncidences assurément, pour deux personnes qui n'avaient jamais même échangé un regard d'intimité, d'amitié ou même de suprême indifférence.

§

Il y a de cela près de 15 ans. Par une de ces longues et lumineuses soirées de mai des pays du Nord, je descendais une des grandes avenues de Montréal, me dirigeant vers mes bureaux pour y prendre quelques documents importants, que j'avais laissés, par mégarde, sur ma table de travail. Rien ne pressait. Le temps était superbe, la fraîcheur du soir ayant tempéré la chaleur du jour. C'était vers la fin de mai, et une foule considérable, surtout des femmes, se dirigeait vers l'église Notre-Dame pour prendre part aux cérémonies du mois de Marie. J'arrivais au tournant de la rue Saint-Jacques, lorsque j'aperçus, devant moi, la silhouette d'une femme dont le port me paraissait familier. Vêtue de noir, correctement, mais sans prétention à l'élégance, elle se dirigeait évidemment vers l'église. Je la dépassai et me retournai, en soulevant mon chapeau respectueusement, pour la saluer, lorsque je me trouvai en face d'une femme que je ne connaissais pas, évidemment, mais dont la figure grave, mélancolique, presque triste, m'était presque familière.

— Mille pardons, madame !

Elle accepta mes excuses d'un sourire presque bienveillant, et je continuai ma route sans plus songer à l'incident, qui serait assez banal, si cette figure, ces yeux très grands et très noirs, ne m'étaient restés dans la mémoire, comme la figure, les yeux et le port d'une personne que j'avais déjà vue quelque part. Pas ici-bas, car je fouillai ma mémoire et mes souvenirs inutilement.

Était-ce dans un rêve ou dans une hantise d'époque, de lieux, ou d'existence, dont je ne me suis jamais rendu compte ? Ou bien encore, avais-je suivi Flammarion dans le voyage d'Uranie à travers le monde sidéral ? Était-ce une réminiscence d'outre-planète, comme le prétendent certains évolutionnistes ?

Quien sabe ?

§

Chacun ici sait que je suis un essoufflé et un toussoteux, que nos rudes hivers du Nord chassent régulièrement vers des climats plus chauds, vers des cieux plus cléments.

J'ai, à ce jeu-là, épuisé à peu près toutes les cures d'air du monde — sans en excepter le Japon, la Chine, l'Inde, l'Égypte, les rives enchantées de la Méditerranée, les hauteurs de la Suisse, le Mexique et nos Montagnes Rocheuses.

Les grands froids de l'hiver m'avaient peu à peu repoussé par étapes jusque sur les rives du golfe du Mexique, sur une terre autrefois française, Pensacola, en Floride. Avec les cartes de Charlevoix, vieilles de près de deux cents ans, j'avais pu suivre l'entrée du navire dans cette baie superbe, dont les abords ne sont plus défendus que par les ruines pittoresques du vieux fort de Barrancas, sur la gauche, et à droite par les travaux plus modernes mais sans garnison du fort Pickens. En remontant la baie, les ruines d'un arsenal qu'on a fait sauter pendant la guerre civile, et enfin, Pensacola, où l'on trouve encore quelques vieilles familles d'origine française, qui ont conservé tout le charme, tout le pittoresque de la race créole avec un profond attachement pour la France.

Vingt-quatre heures de séjour à Pensacola, pour saluer en passant quelques amis du Canada, et un bateau à vapeur me conduisit à travers les mille sinuosités d'une petite rivière au nom indien imprononçable et intraduisible.

Les rives étaient bordées par ces grands arbres chargés de mousse, que l'on trouve partout en Louisiane et en Floride. Ces arbres nous apparaissent d'abord comme d'immenses saules-pleureurs, dont les mousses, d'un gris très sombre, tombent parfois jusque dans l'eau du bayou, en cachant absolument le tronc et les branches.

J'avoue que, dans mon état de santé, et sous l'effet d'une névrose aiguë, de la fatigue de 48 heures de chemin de fer, j'étais loin d'avoir le cœur à rire, mais plutôt à pleurer, comme dit la chanson populaire.

Nous n'étions à bord du bateau que dix ou douze voyageurs, que nous déposâmes en route aux atterrissages de quelques petits villages : et lorsque j'arrivai au but de mon voyage, à l'« Hôtel Cleveland », à Buena-Vista, j'étais seul, absolument seul à sauter sur le ponton amarré à la berge. Un domestique nègre, avec un falot, s'empara sans mot dire de mes bagages, pour les transporter à l'hôtel, dont on apercevait les lumières à travers les pins. Je suivis en silence, ne voulant pas, même par une simple parole, briser le silence et la solitude qui commençaient à m'envahir.

Après cinq minutes de marche pénible dans un sentier [en] pente et taillé dans la brousse d'un marais, où les grenouilles avaient déjà commencé leurs coassements nocturnes, nous arrivâmes à l'hôtel, situé sur une éminence, et où le nègre, toujours sans mot dire, me conduisit dans une chambre, où flambait, dans une grande cheminée, un brillant feu de nœuds de pins résineux.

— Dîner servi dans salle à manger, me dit en français le nègre, après avoir déposé mes bagages dans un coin.

Je fis un bout de toilette et, comme il était sept heures, je m'empressai de suivre la direction du domestique.

Imaginez-vous une grande salle capable de contenir deux cents personnes, et où trois malades, chacun à une table séparée, étaient servis par autant de domestiques, blancs, ceux-là.

L'un à première vue, était un poitrinaire, qui ponctuait des quintes d'une toux creuse les breuvages que lui administrait son garde-malade.

Un autre, placé en dehors des rayons de la grosse lampe qui éclairait cette grande pièce, paraissait plus alerte et mangeait gloutonnement ce qu'on plaçait devant lui.

Le troisième, qui était attablé dans une chaise roulante, touchait à peine aux mets du repas, et me vit entrer avec un air de nonchalante curiosité.

Tout cela était gai comme une grande salle d'hôpital, pendant une épidémie, où les malades sont peu nombreux, parce que les autres sont partis pour le cimetière.

Comme les trois pensionnaires de l'établissement avaient de l'avance sur moi, j'assistai au défilé de la sortie.

Le poitrinaire, appuyé sur son domestique, avait à peine fait trois pas vers la porte qu'il fut pris d'un accès de toux déchirante, et il dut s'arrêter pantelant pour reprendre haleine.

Le glouton du coin lança quelques grognements de basso-profundo et continua sa route vers la porte en s'appuyant sur une canne. Il sortit sans être aidé par son garçon, qui le surveillait cependant d'une attention de chaque instant.

Et, ne voilà-t-il pas que ma toux nerveuse d'asthmatique est mise en activité par ce concert inattendu. J'arrivais comme bon ténor pour compléter l'ensemble d'un trio de marche funèbre.

L'homme à la chaise roulante se retourna pour mieux écouter, mais il refusa absolument de se joindre à nous et sortit en me lançant un regard de profonde mélancolie.

Cela devenait obsédant. On m'avait recommandé cet

hôtel, et j'étais venu tout d'une traite de Lakewood et de New York pour me trouver dans un de ces « sanatoriums » modernes, où l'on a la spécialité des esquintés de tous les climats et de toutes les catégories.

Mon dîner s'arrêta là et je demandai à voir le patron, qui était un médecin spécialiste d'une certaine réputation. Cela complétait l'hôpital. On me répondit qu'il avait été appelé au village, situé à une petite demi-lieue de là.

Les grandes verandahs étaient désertes et l'œil ne pouvait fouiller les noirceurs créées par les grands pins, dont on entendait bruire les sommets touffus, agités par le vent.

Je rentrai dans ma chambre et j'avoue que je n'eus pas le courage de déboucler ma malle et de ranger mes effets. Je pris une potion calmante et j'approchai un fauteuil de l'âtre, où le feu flambait tout en éclairant la chambre sans qu'il fût nécessaire d'allumer la lampe en faïence, à ramages bleus, déposée sur la table de nuit.

On devine aisément mon état d'esprit. Ma première idée fut de reprendre le bateau qui redescendait à Pensacola aux premières lueurs du jour.

Et puis, en tisonnant nerveusement le feu et en produisant des fusées de flammèches d'or bruni qui montaient dans la cheminée, je finis par me dire qu'il serait absurde de m'enfuir ainsi sans avoir vu, examiné le pays à la lumière du jour.

Après tout, c'était l'air, la chaleur et les senteurs résineuses que j'étais venu chercher à Buena-Vista. Et, après avoir décidé d'attendre au moins 24 heures de plus, je m'endormis dans mon fauteuil, en cédant à la fatigue et aux émotions du jour.

Je fus brusquement éveillé, sur les deux heures du matin, par des bruits de pas, de va-et-vient et remue-ménage, qui me semblaient venir de la chambre située immédiatement au-dessous de la mienne. Le feu avait diminué dans l'âtre, mais il suffit d'y jeter deux ou trois nœuds de pin résineux pour ranimer la flamme, qui s'éleva en pétillant et en faisant danser les ombres sur les murs blancs de ma chambre.

Les chuchotements et les bruits de pas augmentaient en bas, et, à un moment donné, j'entendis des coups de marteau, qu'on semblait vouloir amortir.

Que diable faisait-on chez mes voisins ou mes voisines de l'étage inférieur? Je ne pouvais le deviner, n'étant pas familier avec la topographie des lieux et des appartements.

Et je retombai dans un sommeil agité, qui fut interrompu à 5.30 heures du matin par les hennissements de chevaux et par des bruits de voitures. Je me demandais si tous mes collègues, les esquintés de la salle à manger, allaient quitter l'hôtel pour m'y laisser seul avec le propriétaire. Et comme j'étais resté entièrement vêtu, je sortis sur la verandah pour voir ce qui se passait au dehors. On entendait déjà dans le lointain, le sifflet du bateau, qui arrivait et qui serait à l'atterrissage à 6 : 30 heures.

Jugez de ma stupéfaction — la série continuait — en voyant devant la porte principale de l'hôtel un corbillard et deux croque-morts et une seconde voiture ordinaire, avec, à la tête des chevaux, un moricaud tout de noir habillé.

La pluie avait cessé, mais partout des flaques, des mares, et le bruit d'un torrent gonflé qui se jetait dans la savane.

Le jour pointait à travers les pins, mais perçait difficilement le brouillard matinal. Je me trouvais en face d'un convoi funèbre, car j'aperçus immédiatement deux hommes qui sortirent de l'hôtel en portant un cercueil, qu'ils placèrent dans le corbillard. Et puis deux autres personnes, un homme assez jeune encore, le mari probablement, et la femme — fus-je trompé par une ressemblance absolue — la même que j'avais saluée à Montréal sans la connaître — toujours vêtue de noir, avec ses grands yeux mélancoliques, que je n'avais pas oubliés. Après être montée dans une voiture, elle se tourna par hasard vers moi, et ce même sourire triste, que j'avais vu à Montréal, m'accueillit, au moment où le cortège s'ébranlait. Il fallait prendre le bateau. La route s'enfonçait à droite sous bois, où il faisait encore sombre, et le cortège disparut bientôt, suivi, Ô ironie des tristesses sacrées ! par une grande laie noire, dont les petits marcassins, tous noirs, aussi, venaient à la queue leu-leu, au nombre d'une douzaine au moins, et fermaient cette lugubre procession.

Je rentrai dans ma chambre, et mes nerfs surexcités jusqu'au paroxysme, me valurent une crise d'asthme que je ne pus apaiser que par l'absorption d'un narcotique puissant.

Je retombai dans mon fauteuil, et il était 9 heures lorsqu'un domestique frappa bruyamment à ma porte.

— *Coffee, sir !*

Et j'avalai une grande tasse de café noir, en disant au garçon de m'en apporter une deuxième.

Le soleil brillait à travers les persiennes, et, bon gré, mal gré, j'en avais au moins pour 24 heures encore de cette existence macabre.

J'étais seul au déjeuner, et je fis la connaissance du patron, médecin qui me parut être un charmant homme. Le cortège funèbre et les bruits de la nuit avaient été causés par la mort d'une jeune femme, poitrinaire, mariée depuis trois ans.

Elle laissait à son mari un bébé d'un an, et le docteur me dit qu'elle était belle « comme le jour ». On la mettrait en terre à Memphis, son pays d'origine. L'autre personne en noir lui était inconnue. C'était soit une parente ou une amie de la défunte, qui était venue la voir avant sa mort, et qui repartait avec le mari pour la Nouvelle-Orléans. Il ne connaissait ni son nom, ni son adresse, et ne lui avait jamais adressé la parole.

§

La scène change. Nous sommes au fond du lac de Genève. Presque toutes les personnes qui ont visité l'Europe ont admiré le merveilleux panorama de Vevey, Montreux, Glion, les Avants, Chillon, et, en face, les montagnes de la Savoie Française. Plus au loin, la Dent du

Midi. Je ne m'attarderai pas à vouloir faire une description que des plumes plus élégantes, des écrivains mieux renseignés ont mise sous les yeux du lecteur. Je me trouvais seul à Montreux, dont le climat est renommé pour la cure de l'asthme. Hélas! pour les caprices de la maladie, ou l'inexactitude des renseignements donnés par les médecins et par les guides, jamais je n'ai souffert plus continuellement, et sans répit, de l'asthme, qu'à Montreux. À peine pouvais-je marcher pour me rendre au « Kursall », à quelques pas de mon hôtel.

Il y avait alors, comme il doit y avoir encore aujourd'hui, un petit bateau qui traversait à Villeneuve, sur le territoire français, et faute de pouvoir marcher à mon aise, je passais un peu mes jours en tramway et en bateau.

Le lac était lisse comme une glace, et une petite demi-heure nous conduisait au Chalet-de-la-Forêt, où un hôtel-restaurant était à la disposition des voyageurs. Le bateau faisait escale pour ceux qui désiraient se rafraîchir — un petit quart-d'heure. La petite jetée qui s'avançait dans le lac et où le petit vapeur était amarré, servait un peu de lieu de promenade pour les voyageurs de l'hôtel, et on y avait placé des bancs où des dames causaient et des enfants et des servantes s'amusaient à tendre des lignes dans le lac, pour tenter les poissons, que l'on apercevait dans les eaux transparentes.

Je restai à bord du bateau pour m'éviter un mouvement qui pouvait faire revivre mon asthme, la « Mouette » venait de donner le triple coup de sifflet règlementaire, et quelques voyageurs accouraient au départ, lorsque, par simple curiosité ou peut-être instinctivement, je me retournai au moment où nous reprenions le plein lac, et j'aperçus, au bout de la jetée, la dame en noir dont je vous ai déjà entretenus, avec le même sourire triste, la même mélancolie sur sa figure pâle.

Beaucoup de la Mater Dolorosa, de Bouguereau.

Le bateau filait vite, et je la perdis bientôt de vue parmi les personnes qui l'entouraient.

§

Rien de bien surnaturel dans tout cela, me direz-vous — une triple coïncidence. Ce qui n'empêche que lorsque je la vis pour la première fois, je répète qu'il m'avait semblé et qu'il me semble encore reconnaître une figure déjà aperçue dans un rêve ou dans un souvenir de l'au-delà et de l'inconnu.

J'ai bien rencontré, dans l'espace de huit mois, le même individu, chez moi, à Montréal, au Tonquin, à l'hôtel de ville de Hanoï et à Nice, sur la promenade des Anglais — et cela sans attente préalable, — mais celui-là n'avait rien de métaphysique dans son aspect, et n'évoquait aucun souvenir du passé. C'était un M. Jules Hamard, que quelques personnes ont bien connu, à Montréal.

Mais l'autre m'est restée une flottante vision, que je n'ai jamais essayé de débrouiller, et qui me hante encore dans les nuits d'insomnie.

Postface

La rencontre de deux mondes

Tout au long du XIXᵉ siècle, l'une des grandes préoc-
cupations des auteurs canadiens — de Philippe Aubert
de Gaspé fils à Pamphile Le May, de Philippe Aubert de
Gaspé père à Louis Fréchette, de Joseph-Charles Taché à
Faucher de Saint-Maurice, de Paul Stevens à William
Henry Drummond — a été de transposer dans leurs
écrits le vaste fonds imaginaire issu de la tradition populaire, c'est-à-dire ce que l'abbé Henri-Raymond Casgrain,
à la suite de Charles Nodier, appelait « les délicieuses histoires du peuple » : légendes, contes, fables, chansons,
croyances et autres récits de source anonyme que les
paysans, les coureurs de bois, les bûcherons et les « voyageurs » de la vallée du Saint-Laurent avaient tantôt
apportés de France, tantôt inventés eux-mêmes au fil
des siècles et qui s'étaient transmis de génération en génération, en se modifiant, se modulant et s'enrichissant
selon les époques et les régions. Fidèles à l'exemple

que leur proposait le romantisme européen depuis Chateaubriand, ces auteurs, qu'ils fussent clercs ou laïcs, conservateurs ou libéraux, voyaient dans la transformation de ce matériau en littérature un moyen, tout à la fois, de servir leur patrie en sauvant de l'oubli une culture dont la beauté et l'originalité ne faisaient aucun doute à leurs yeux et de conférer par là aux oeuvres qu'ils signaient de leur nom une utilité et une authenticité en quoi résidait pour eux la valeur littéraire suprême.

Écrire, dans ces conditions, pouvait sembler facile, puisqu'il suffisait de se mettre à l'écoute des gens du peuple, ou de se souvenir des récits entendus pendant son enfance, la plupart des écrivains ayant alors des origines paysannes ou populaires relativement récentes.

Honoré Beaugrand ne fait pas exception à la règle. Sa biographie remplie d'aventures et de voyages, sa passion pour l'art et pour les idées modernes, son libéralisme et son anticléricalisme militants, et jusqu'à la fortune qu'il a amassée, ont beau faire de lui, presque à l'égal d'un Nelligan ou d'un Edmond de Nevers, l'une des figures les plus originales et les plus attachantes que l'on puisse rencontrer dans le Montréal et le Canada français de la fin du XIXe siècle, il n'a pu s'empêcher de concevoir lui aussi son métier d'écrivain comme le concevaient la plupart de ses devanciers et de ses contemporains canadiens : faire oeuvre littéraire, c'était recueillir le matériel que fournissait la mémoire populaire et lui donner une forme qui en assurerait la pérennité. Journaliste, essayiste, conférencier, auteur de récits de voyages, il maniait la plume pratiquement tous les jours, mais c'était la plupart du temps de l'écriture circonstancielle, commandée par les combats politiques ou par les exigences de ses fonctions. Deux fois seulement, il a voulu être écrivain au vrai sens du terme, c'est-à-dire composer des textes qui n'aient pas d'abord ou uniquement un intérêt historique ou documentaire, mais dans lesquels la part la plus importante irait au déploiement de l'imagination et à la beauté de l'écriture. Et les deux fois, il s'est tourné vers la même source d'inspiration : les récits et les légendes qu'il avait entendu raconter dans sa jeunesse.

La première fois, c'est à l'époque de ses débuts, vers 1875, alors qu'il venait de fonder, à Fall River (Massachusetts), un hebdomadaire appelé *L'Écho du Canada*, qu'il tenait à agrémenter de textes littéraires. L'un des tout premiers qu'il a écrits s'intitule « Le fantôme de l'avare » et est inspiré d'une légende qui se racontait à Lanoraie, le village où Beaugrand a grandi. Avec quelques autres d'abord parus dans *L'Écho du Canada*, ce récit trouvera place dans l'unique roman de Beaugrand, *Jeanne la fileuse, épisode de l'émigration franco-canadienne aux États-Unis*, dont la publication en 1878 mettra fin à cette période de sa vie. Malgré ses faiblesses, ce roman éclaire la manière dont Beaugrand concevait ou du moins pratiquait son métier d'écrivain. Si *Jeanne la fileuse* est avant tout un roman « engagé », dans lequel il s'agissait de prendre la défense des Canadiens français exilés en Nouvelle-Angleterre, cette volonté ne se manifeste à vrai dire que dans la seconde partie, dont l'écriture, sèche et factuelle, tient à la fois de l'enquête sociologique et de l'éditorial. Toute la première partie, elle — et c'est la plus réussie sur le plan littéraire —, se veut nettement plus « poétique » ; c'est le Beaugrand artiste, le Beaugrand écrivain qui s'y exprime, au lieu du Beaugrand journaliste, idéologue et militant de la deuxième partie. Or toute cette première partie, intitulée « Les campagnes du Canada » et dans laquelle est repris « Le fantôme de l'avare », n'est en réalité qu'une longue évocation, attendrie et nostalgique, du Québec traditionnel, c'est-à-dire du Québec que Beaugrand a connu avant son départ du Canada. Tout se passe, en somme, comme si l'ambition littéraire, comme si la réussite littéraire étaient liées spontanément, quasi obligatoirement, à la représentation, voire à la reproduction, des voix et des images du pays natal.

Après *Jeanne la fileuse*, Beaugrand, qui continue d'écrire abondamment pour les nouveaux journaux qu'il met sur pied (surtout *La Patrie*, fondée en 1879), se détourne de la littérature pendant une douzaine d'années. Il n'y reviendra qu'au cours des années 1890, lorsque ses affaires et la prospérité qu'elles lui procurent, de même que l'exclusion dont il est l'objet de la part de ses amis politiques (qui le trouvent trop radical), lui en laisseront le loisir. À l'hiver 1891-1892, il fait paraître dans *La Patrie* une suite de cinq récits, qu'il reprend huit ans plus tard dans un magnifique volume publié à compte d'auteur et intitulé *La Chasse-galerie, légendes canadiennes*, qui reste pour nous son œuvre majeure et l'un des joyaux de la littérature (et de l'édition) québécoise de cette époque. L'ordre dans lequel les cinq récits y sont disposés les répartit en deux blocs assez distincts. Le premier est formé de « La chasse-galerie » et du « Loup-garou », dans lesquels le contenu folklorique est le plus marqué et où l'humour a la part belle, de même que la représentation du langage populaire. L'autre comprend deux récits tout différents, « Macloune » et « Le père Louison », mélanges de nouvelle sentimentale et de chronique villageoise ; quoique le surnaturel n'y joue aucun rôle, ces récits relèvent d'une certaine manière de l'inspiration légendaire, centrés qu'ils sont sur des personnages au destin singulier dont le souvenir est resté vif dans la mémoire populaire. Placé entre ces deux blocs comme pour permettre la transition de l'un à l'autre, « La bête à grand'queue » est un conte drolatique, où un thème emprunté à la tradition sert de ressort comique à la peinture des mœurs et de la mentalité paysannes.

Mais quel que soit leur « genre », tous ces récits ont pour théâtre la région natale de Beaugrand, la paroisse de Lanoraie et ses environs des deux bords du fleuve, entre Berthier et Montréal. Tous, également, sont fondés sur des souvenirs de l'auteur, mais des souvenirs qui n'ont rien d'intime ou de personnel ; ce sont plutôt des souvenirs qu'on dirait collectifs, c'est-à-dire partagés par toute une communauté et qui n'appartiennent à l'auteur que dans la mesure où celui-ci appartient (ou a appartenu) à cette communauté. C'est que l'écrivain qui imagine et rédige ces textes ne tient pas tant à faire entendre sa propre voix ou à créer un monde qui ne serait qu'à lui, qu'à se faire le relais d'une voix commune dans laquelle la sienne se fondrait, disparaîtrait presque, pour ne laisser subsister que la parole anonyme du peuple et l'univers fictif auquel elle donne forme.

Par là, c'est-à-dire par cette pratique de l'écriture litté-raire comme transcription de l'imagination populaire, Beaugrand est donc bel et bien un auteur de son temps et de son milieu. Mais s'il a fait ce que presque tous les écri-vains canadiens de son siècle ont voulu faire, il se dis-tingue néanmoins de la plupart d'entre eux par la manière dont il a réussi à le faire. De tous les recueils de contes et de légendes publiés dans le Québec de cette époque, en effet, *La Chasse-galerie* nous apparaît aujourd'hui comme l'un des plus « purs », celui peut-être dans lequel le projet derrière toute cette littérature d'inspiration folklorique atteint non pas son point de perfection, peut-être, mais l'une de ses réalisations les plus saisissantes.

* * *

Quand on y pense bien, pourtant, ce passage de l'oral à l'écrit ne va pas du tout de soi ; il présente même des difficultés quasiment insurmontables — et que peu d'au-teurs, du reste, ont vraiment surmontées. C'est que la littérature, d'une part, et la culture traditionnelle, de l'autre, appartiennent à des univers spirituels, sociaux et esthétiques si différents, si opposés même, que leur rap-prochement paraît inconcevable. Tandis que la parole folklorique, celle qui s'exprime à travers les contes et les légendes, émane d'un monde ancien, immémorial, fondé sur la pensée mythique, sur une vision rituelle ou répéti-tive du temps, sur la croyance au merveilleux et sur une participation étroite des individus à leur communauté d'appartenance, la littérature, elle, est fille de la modernité, c'est-à-dire de la critique, de la conscience historique et de la séparation du sujet individuel. On dirait même, en exagérant à peine, que là où naît la littérature, la mentalité traditionnelle ne peut que mourir.

C'est pourquoi, malgré leurs ressemblances apparentes, les productions de ce qu'on appelle un peu abusivement la littérature orale et celles qui caractérisent la littérature écrite se distinguent radicalement. Arrêtons-nous seulement à quelques traits, en prenant pour exemple la *légende*. Dans le folklore, ce mot ne désigne pas tant un récit en particulier qu'une sorte de canevas, c'est-à-dire une trame narrative plutôt générale à partir de laquelle peuvent s'élaborer un grand nombre de récits souvent fort différents, selon la tradition particulière dans laquelle s'inscrivent les conteurs, selon le lieu et l'époque auxquels ils appartiennent, voire selon l'habileté et l'art de chacun. Ainsi, d'une légende comme celle de la chasse-galerie, les ethnologues ont pu recueillir ici et là de multiples versions, liées certes par des éléments récurrents, mais dans lesquelles les épisodes, les personnages et même les règles du pacte satanique diffèrent considérablement. Dans la culture traditionnelle, en d'autres mots, une légende n'est pas d'abord constituée d'une histoire, mais bien d'un vaste répertoire de variations narratives autour d'un thème minimal commun.

Or, pour nous, aujourd'hui, il n'existe plus qu'une seule chasse-galerie, c'est-à-dire une seule version de la légende du vol diabolique : celle d'Honoré Beaugrand. Ce fait témoigne de l'immense fortune qu'a connue ce texte. Si le nom de Beaugrand et le reste de son œuvre ont pratiquement disparu de notre mémoire littéraire, en effet, la diffusion de sa « Chasse-galerie » (notamment par l'*Almanach du peuple* et par les nombreux recueils de *Contes canadiens* dans lesquels elle a été reproduite) a été si large et si constante que le récit a fini par être connu partout au Québec, y compris dans les milieux les moins lettrés, et par redevenir ainsi, d'une certaine manière, partie de la culture populaire d'où Beaugrand l'avait tiré. Mais un tel succès ne doit pas faire oublier la perte dont il s'accompagne, celle du caractère multiple, protéiforme, que possédait la légende traditionnelle, son ouverture, les possibilités de transformations, d'adaptations et de réinventions quasi infinies qu'elle recelait. En passant de la parole populaire à la plume de Beaugrand, la chasse-galerie s'est figée, en quelque sorte, se réduisant à une seule version d'elle-même et imposant le silence à toutes les autres. Ainsi, pour se vouloir le conservateur et le transmetteur fidèle de la tradition, l'écrivain est en même temps son liquidateur, ou du moins le collaborateur involontaire de sa liquidation. C'est que la littérature, contrairement au matériel issu de la tradition orale, est faite de *textes,* et que chaque texte, par définition, est fixe, unique et définitif.

Liée à la précédente, une autre différence importante distingue les deux modes d'expression et rend presque infranchissable la frontière qui les sépare. Elle concerne les types de « lecture » auxquels chacun donne lieu. Une légende, dans le mode de vie traditionnel, c'est non seulement une histoire que l'on écoute raconter par quelqu'un qui est là, présent, devant soi, en chair et en os, comme au théâtre, mais c'est une histoire que l'on écoute en groupe, au milieu d'une assemblée de familiers, lors d'une veillée ou d'une fête dont le récit de cette histoire est un des moments privilégiés. C'est, en somme, une expérience de participation collective. En littérature, forcément, toute cette dimension se perd, remplacée par un rapport d'une tout autre nature avec le texte sous l'aspect duquel se présente maintenant la légende (dont le contenu, cela dit, peut rester exactement le même). Même si les lecteurs sont nombreux, c'est dans la solitude et dans le silence que les mots du récit se donnent à chacun d'eux, individuellement, isolément, dans l'oubli des autres et en l'absence de l'auteur, ce qui fait du rapport avec l'écrit une expérience de séparation, de rupture avec le groupe et de clôture sur soi. Je peux lire à tout moment; à tout moment je peux m'arrêter; personne ne me retient là que moi-même; et je ne trouble aucun groupe, aucune fête en me retirant de ma lecture.

C'est pour tenter de combler cet écart, sans doute, que bien des auteurs, dans leurs légendes écrites vouées à la lecture solitaire, ont éprouvé le besoin de représenter autant que possible, à l'intérieur même du texte, non seulement le contenu de la légende orale, mais aussi l'événement que constitue sa narration, notamment en précisant le décor et le moment où elle a lieu et surtout en la présentant comme un récit que quelqu'un fait de vive voix à l'adresse d'un groupe d'auditeurs présents et attentifs. Beaugrand, en tout cas, le fait dans tous ses récits d'inspiration traditionnelle; chaque fois, nous savons non seulement qui parle (le grand-père presque centenaire dans « Le fantôme de l'avare », Joe le cook dans « La chasse-galerie », le père Brindamour dans « Le loup-garou », Fanfan Lazette dans « La bête à grand'queue »), mais aussi qui écoute (les enfants dans « Le fantôme de l'avare », les bûcherons dans « La chasse-galerie », les avocats venus de Montréal dans « Le loup-garou », les clients du vieil André Laliberté dans « La bête à grand'queue »). Le stratagème a évidemment pour but d'inciter le lecteur à se rapprocher mentalement de la scène et à prendre place lui-même, en quelque sorte, dans le cercle des auditeurs. Mais la proximité demeure purement conventionnelle et fictive; quoi qu'il fasse, l'écrivain ne peut faire que son lecteur ne demeure seul, dans son salon, son livre à la main, à jamais distant du monde de paysans et de bûcherons qui se déploie sous ses yeux et dont sa condition même de lecteur lui interdit de faire partie. Car entre eux et lui, la différence n'est pas seulement sociale et culturelle, mais bien d'ordre métaphysique.

C'est une différence si profonde, en fait, qu'elle affecte jusqu'à la manière dont la légende est reçue et interprétée, c'est-à-dire le cœur même de sa signification. Dans la culture orale traditionnelle, la légende proprement dite est une forme particulière dans laquelle des éléments de merveilleux se mêlent à des données empruntées au monde familier pour former un récit considéré comme l'explication satisfaisante d'un fait ou d'un phénomène plus ou moins improbable ou étrange, attesté la plupart du temps par des « reliques » qui en fournissent la preuve matérielle irréfutable : une queue rouge confirme l'existence de la bête à grand'queue, une patte de loup ensanglantée, celle du loup-garou, les registres paroissiaux de Saint-Sulpice, celle du fantôme de l'avare, à quoi s'ajoute, dans tous les cas, la personne du narrateur, qui est là pour témoigner de la vérité de ce qu'il raconte puisqu'il en a été lui-même le protagoniste. C'est dire que la légende, contrairement au conte dont le caractère fantaisiste est admis d'emblée, est perçue comme un récit véridique, auquel ses auditeurs, par conséquent, prêtent foi, si extraordinaire qu'il leur paraisse, tout comme ils prêtent foi à ces autres discours de vérité, proches parents des légendes, que sont les miracles et les superstitions.

Il n'en va plus de même, évidemment, une fois que la légende devient un texte littéraire. En apparence, le récit n'a pas changé, puisque les événements qu'il relate restent les mêmes. Mais la signification et la portée de ce récit, elles, se sont complètement transformées. Si captivé qu'il soit, le lecteur, qui est un être moderne et instruit, ne croit pas un seul instant que les morts reviennent hanter les vivants, ni que le canot a vraiment volé, ni que le mauvais garnement a pu se métamorphoser en loup-garou. Sa vision du monde, sa culture, son sens de la réalité, son esprit critique et désenchanté le lui interdisent absolument. Ce qu'il a sous les yeux est un texte de fiction, auquel il lui plaît de « croire » tant que dure sa lecture, mais c'est une croyance feinte, provisoire, esthétique, qui n'a rien à voir avec sa connaissance du monde et la conduite de sa vie. Le lecteur, en somme, est devant la chasse-galerie et le loup-garou, devant Joe le cook ou le vieillard qui raconte « Le fantôme de l'avare », dans la même position que l'auteur, qui lui non plus ne croit pas à la véracité des merveilles qu'il rapporte. Car s'il y croyait, il ne les écrirait pas ; il n'écrirait pas. Si la foi et le surnaturel, en effet, imprègnent la culture traditionnelle, c'est leur absence (ou leur chute, ou du moins leur mise en question) qui rend possible l'exercice de la littérature.

* * *

On voit dès lors la position singulière dans laquelle se trouvaient tous ces écrivains qui avaient fait de la transposition du matériel folklorique l'objet de leur écriture. C'était une position intenable, à vrai dire : comment réunir ce qui, par définition, s'oppose ? comment concilier la foi et l'impiété ? la magie et la raison ? l'oral et l'écrit ? Quoi qu'ils fassent, ils étaient condamnés d'avance à trahir, soit la littérature, soit la culture populaire. Plusieurs, il faut le dire, ont trahi et l'une et l'autre, mais surtout la seconde, à laquelle ils se disaient pourtant si attachés. Par exemple l'abbé Casgrain, dont les *Légendes canadiennes* et les autres écrits d'inspiration folklorique ne sont qu'une forme de récupération, le détournement de l'imagination populaire recyclée en mauvaise littérature d'édification catholique et patriotique. Par exemple encore, quoique dans une moindre mesure, Fréchette, qui n'a guère su, dans ses *Contes de Jos Violon* et autres textes semblables, que traiter de haut la culture et le parler des petites gens, présentés plus ou moins comme des demeurés. Les meilleurs, cependant, ont réussi, non pas à résoudre le dilemme, puisqu'il est insoluble, mais du moins à ne pas l'escamoter et même à le tourner d'une certaine manière à leur avantage (et au nôtre), comme savent le faire tous les écrivains véritables, en puisant dans ses termes contradictoires une source d'invention et de beauté.

Tel est le cas, entre autres, des deux Philippe Aubert de Gaspé. Et tel est aussi le cas, éminemment, de Beaugrand dans quelques-uns de ses meilleurs textes : « Le fantôme de l'avare », certaines pages du « Loup-garou » et, bien sûr, « La chasse-galerie », texte qui dépasse tous ceux qu'il a écrits et peut-être tous les autres textes d'inspiration folklorique écrits au Canada pendant le XIX\ siècle. Ici, l'antagonisme de l'oral et de l'écrit, de la superstition et de la littérature, de la foi populaire et du scepticisme moderne, loin de disparaître, loin d'être contourné par quelque artifice de rhétorique, se trouve intégré au texte même, qu'il charge d'une tension secrète, d'une ambiguïté, pour ne pas dire d'une ironie qui, pour le lecteur d'aujourd'hui, ne font qu'en augmenter la force d'évocation et l'« authenticité ».

Pour mieux le comprendre, posons-nous à propos de ces récits la seule question qui importe vraiment, celle de la vérité : les créatures plus ou moins maléfiques qu'ils mettent en scène existent-elles vraiment, les faits merveilleux qu'ils rapportent peuvent-ils s'être produits ?

Dans « Le fantôme de l'avare », qui est un texte de jeunesse encore marqué par l'influence de Casgrain et des écrivains pieux ayant formé ce qu'on appelle l'école de Québec, la véracité de l'apparition surnaturelle que raconte le vieillard ne semble jamais contestée, personne, ni le vieillard lui-même, ni ses auditeurs, ni l'auteur ne la mettant en doute. Est-ce à dire que l'auteur y croit, ou qu'il voudrait amener ses lecteurs à y croire? On pourrait le penser, peut-être, si, au lieu de décrire cet auditoire et ce vieillard de l'extérieur, il se fondait à eux et fondait entièrement sa parole à celle de ce dernier. Or il reste à l'écart, en observateur plutôt qu'en participant, et ne se prononce pas. Il s'intéresse moins, en fait, à l'histoire du fantôme, à son plus ou moins de réalité ou à l'enseignement qu'on en peut tirer, qu'à cet autre « miracle », encore plus touchant et magnifique, que constituent sa narration et l'écoute consentante des auditeurs. Si ce texte est grave, et il l'est, ce n'est pas parce qu'il veut prêcher quoi que ce soit, ni inciter le lecteur à la pitié, comme font si souvent les légendes d'un Casgrain, mais bien parce qu'il est rempli de nostalgie pour le monde dans lequel un tel événement était possible, un monde que l'auteur (et son lecteur) sait à jamais disparu.

Les choses deviennent un peu plus compliquées dans le récit du « Loup-garou ». Pour Pierriche Brindamour, qui évoque ses propres aventures et celles de son père, il semble bien que les loups-garous, ces êtres mi-humains mi-animaux, soient aussi réels que n'importe quel humain ou n'importe quel animal de son entourage; il sait tout d'eux, leur origine, leurs comportements et la bonne méthode pour les « délivrer ». Mais si nous avons le sentiment que Pierriche croit à ce qu'il dit, c'est surtout parce qu'en face de lui se trouvent les jeunes avocats venus de Montréal, qui eux n'y croient pas du tout, s'amusant à faire jaser le vieil homme et ne voyant dans ses propos que divagations de vieux paysan un peu ivrogne. Le texte se construit ainsi comme une sorte de joute oratoire (n'oublions pas qu'on est en période électorale) : d'un côté les jeunes sceptiques, de l'autre le vieillard crédule qui prétend avoir vu des loups-garous. Mais est-ce aussi simple que cela ? Pierriche, en fait, est peut-être plus rusé qu'il n'en a l'air. Comment savoir à coup sûr s'il croit vraiment à ce qu'il dit ou s'il ne se moque pas des jeunes délurés qui prétendent se moquer de lui ? Ceux-ci, d'ailleurs, ont beau rire, l'intérêt qu'ils portent aux récits de loups-garous trahit peut-être un reste de croyance, une peur secrète qu'ils n'osent s'avouer. Il n'y a ici, en d'autres mots, ni bons ni méchants, ni défenseurs de la vérité ni menteurs clairement identifiés. Ne donnant raison ni à un camp ni à l'autre, ni à l'ancien ni aux modernes, l'auteur se contente de rapporter les dires des uns et des autres, sans accorder ni plus ni moins de créance à Pierriche qu'à ses contradicteurs.

C'est dans « La chasse-galerie », toutefois, que la réussite de l'écrivain Beaugrand est la plus éclatante. Reposons la question cruciale : est-il possible, oui ou non, de courir la chasse-galerie ? Joe le cook l'a-t-il courue, oui ou non ? Cette fois, aucun indice ne nous est fourni par l'auditoire, qui est là, certes, composé des bûcherons rassemblés autour de la « cambuse » où officie Joe, mais qui reste complètement silencieux. Rien ne permet de savoir si cet auditoire est semblable à celui de Pierriche Brindamour, c'est-à-dire amusé et sceptique, ou à celui du vieillard qui a rencontré le fantôme de l'avare, c'est-à-dire fasciné et crédule. Même chose pour l'auteur, qui s'empresse de s'effacer dès qu'il a posé le décor. Seul parle Joe le cook, et personne d'autre. « La chasse-galerie », c'est, d'un bout à l'autre, son discours. Et quel discours ! Il en est peu, dans toute la littérature canadienne du XIXe siècle, qui sonne aussi juste, qui soit aussi proche de la verve populaire la plus riche, la plus colorée et la plus adroite. Car Joe est un virtuose du langage, un maître de la narration, maniant à merveille toutes les ressources de l'intrigue et du dialogue, sachant ménager ses effets, mêler le drame et le comique, alterner les moments d'intensité et les pauses, relancer sans cesse le suspense et jouer admirablement des hantises et des désirs de son public. Ce qu'il raconte est-il véridique ? Le ton de parfaite sincérité sur lequel il rapporte les événements, les précisions dont il émaille son récit (dates, lieux), les noms de personnes qu'il convoque, même la chanson connue qu'il met dans la bouche de ses personnages, tout indique qu'il ne fait que rendre un compte fidèle des faits qu'il a vécus. Mais en même temps, si on y prête attention, il y a dans ses propos tout ce qu'il faut pour donner à penser exactement le contraire, c'est-à-dire que son aventure extraordinaire relève de la pure invention, ou qu'elle n'est rien d'autre, au mieux, que le fruit d'une monumentale saoulerie du jour de l'an, un délire d'ivrognes en mal d'amour frustrés par leur isolement prolongé au fond des bois. Laquelle de ces explications faut-il retenir, la légendaire ou la rationnelle ? Pour les lecteurs modernes que nous sommes, c'est la seconde, évidemment, qui apparaît la seule plausible. Mais qu'en est-il pour les bûcherons, et surtout qu'en est-il pour Joe le cook ? Parle-t-il franchement, ou s'amuse-t-il à débiter des « menteries » ? Est-il convaincu d'avoir bel et bien volé par-dessus les montagnes en canot sous l'égide de Belzébuth, ou est-il en train d'imaginer cette histoire de toutes pièces pour désennuyer ses compagnons et leur rappeler le souvenir de leurs blondes ? Où commence le sérieux, où la plaisanterie ? C'est dans l'impossibilité de répondre à de telles questions que se trouve la marque la plus remarquable du « génie » de Beaugrand, qui a su, ici mieux que nulle part ailleurs, se taire et céder toute la place à la parole magnifique de Joe le cook, une parole dont la signification véritable ne peut que demeurer problématique et à jamais incertaine.

Ce que met en scène un texte comme « La chasse-galerie », ce n'est donc pas l'imagination traditionnelle, mais bien la rencontre, le dialogue entre cette imagination et la littérature. La littérature qui la détruit mais ne la remplace pas. Qui la transforme, plutôt, en objet de perplexité. Joe le cook, pourrait-on dire, incarne à la fois l'ancien monde et le nouveau, le mélange de la foi et de l'ironie, l'emploi sérieux ou épique du langage combiné à son usage ludique et esthétique. En ce sens, il est un personnage de l'entre-deux, par qui le folklore entre en contact avec l'écrit, la superstition avec le doute, la religion avec l'humour, les obligeant ainsi à se confronter et à mesurer concrètement tout ce qui les attire et les sépare.

* * *

Beaugrand considérait ses récits d'inspiration folklorique et villageoise comme des contributions à l'étude de la culture traditionnelle du Canada français, et c'est ainsi qu'ils ont été reçus par une bonne partie du public lecteur de l'époque. Depuis, ces textes ont perdu l'essentiel de leur valeur « scientifique » et sont tombés dans la littérature, qui est maintenant l'espace au sein duquel nous les lisons et les apprécions. Il en va de même de quelques autres écrits que Beaugrand a publiés vers la fin de sa carrière et par lesquels il cherchait avant tout à transmettre sur un mode agréable des connaissances qu'il estimait utiles et intéressantes, comme le ferait un bon vulgarisateur. C'est le cas des deux dernières nouvelles contenues dans ce recueil, « Une légende du Nord Pacifique » et « Les hantises de l'au-delà ». La première fait état, sur un mode emprunté à la littérature fantastique, des théories alors les plus récentes concernant le peuplement de l'Amérique. Beaugrand y fait montre d'une grande culture et d'une ouverture d'esprit étonnante à l'égard des civilisations précolombiennes, jugeant durement le rôle joué auprès d'elles par l'Église catholique.

Quant aux « Hantises de l'au-delà », c'est un texte à la fois maladroit et étrange, où l'on sent l'influence d'Edgar Poe et des écrivains symbolistes et décadents de la fin du

XIXe siècle. Écrit à la première personne, il raconte l'histoire d'un homme dont les pas ne cessent, comme par hasard, de croiser ceux d'une mystérieuse inconnue en qui il n'est pas difficile de reconnaître une figure de la mort. Plus discret, certes, que celui des légendes de *La Chasse-galerie,* on retrouve ici un nouveau merveilleux, moderne et lettré tant qu'on voudra, voire surréaliste avant la lettre, mais dans lequel reviennent les mêmes éléments d'invraisemblance qui caractérisaient le merveilleux traditionnel du « Loup-garou » ou du « Fantôme de l'avare ». Sauf que cette fois, le surnaturel n'est jamais nommé et que les faits extraordinaires demeurent sans raison. À la simplicité qui caractérisait, par exemple, la vision d'un Pierriche Brindamour, pour qui le miracle, malgré sa rareté, était somme toute une chose familière et prévisible, succède ainsi un irrationnel d'autant plus obscur et angoissant qu'il semble échapper à toute explication. De nouveau, les questions que nous posions tout à l'heure à propos de Joe le cook reviennent à l'esprit, mais cette fois à propos de Beaugrand lui-même, narrateur et acteur du récit : a-t-il vécu ce qu'il raconte ? croit-il que ces coïncidences forment une trame surnaturelle cohérente ? ou ne fait-il qu'écrire un texte pour nous captiver et nous charmer ?

La littérature, au fond, n'est rien d'autre que l'impossibilité — ou le refus — de répondre à ces questions.

François Ricard

Bibliographie

Éditions de *La Chasse-galerie*

La Chasse-galerie, légendes canadiennes, Montréal, s. édit., 1900, 123 p.; illustrations de Henri Julien, Henry Sandham et Raoul Barré.

La Chasse-galerie, légendes canadiennes, Montréal, Fides, coll. du «Nénuphar», 1973, préface de François Ricard, 93 p. [reproduit l'édition de 1900, à laquelle est ajouté le chapitre du roman *Jeanne la fileuse* contenant «Le fantôme de l'avare»].

La Chasse-galerie, Montréal, Fides, coll. «Bibliothèque québécoise», 1979, préface de François Ricard, chronologie et bibliographie d'Aurélien Boivin, 107 p. [reprise de l'édition de 1973].

La Chasse-galerie et autres récits, édition critique préparée par François Ricard. Montréal, Presses de l'Université de Montréal, coll. « Bibliothèque du Nouveau Monde », 1989, 362 p. [contient l'intégrale des récits brefs de Beaugrand].

La Chasse-galerie, édition scolaire préparée par Luc Bouvier, Montréal, CEC, 1996, 160 p. [contient les mêmes textes que l'édition de 1973].

Autres écrits d'Honoré Beaugrand [choix]

« Le fantôme de l'avare, légende du jour de l'an », dans *L'Écho du Canada,* Fall River, 2 janvier 1875.

Jeanne la fileuse, épisode de l'émigration franco-canadienne aux Etats-Unis, Fall River, Fiske & Monroe, 1878; Montréal, La Patrie, 1888; Montréal, Fides, coll. du « Nénuphar », 1980 [édition préparée par Roger Le Moine].

Lettres de voyage : France, Italie, Sicile, Malte, Tunisie, Algérie, Espagne, Montréal, La Patrie, 1887.

Mélanges, trois conférences : De Montréal à Victoria ; Le journal, son origine et son histoire ; Anita, souvenirs d'un contreguérilla, Montréal, s. édit. [La Patrie], 1888.

Six mois dans les Montagnes Rocheuses : Colorado, Utah, Nouveau-Mexique, Montréal, La Patrie, 1889.

« Une légende du Nord Pacifique », dans *La Patrie,* Montréal, 20 février 1893 [repris en version anglaise, sous le titre « A Legend of North Pacific », dans *New Studies of Canadian Folk Lore,* 1904].

« Article de M. Beaugrand sur la télépathie ou Les hantises de l'au-delà », dans *L'Album universel*, Montréal, 25 octobre 1902.

New Studies of Canadian Folk Lore, Montréal, Renouf, s.d. [1904].

Quelques études

Beaudoin, Réjean, « Honoré Beaugrand, *La Chasse-galerie* », dans *Livres et Auteurs québécois 1973*, Montréal, 1974, p. 75-76.

Boivin, Aurélien, *Le Conte littéraire québécois au XIXᵉ siècle, essai de bibliographie critique et analytique*. Montréal, Fides, 1975, p. 53-60.

Du Berger, Jean, « Chasse-galerie et voyage », dans *Studies in Canadian Literature*, Fredericton, vol. 4, n° 2, été 1979, p. 35-43.

Gérin, Léon, « Notre mouvement intellectuel », dans *Mémoires et comptes rendus de la Société royale du Canada*, 2ᵉ série, t. VII, mai 1901, p. 150-151.

Halden, Charles ab der, *Études de littérature canadienne-française*, Paris, Rudeval, 1904, p. 289-299.

Massicotte, Édouard-Zotique, *Conteurs canadiens-français du XIXᵉ siècle*, Montréal, Beauchemin, 1902, p. v-viii, 207-224.

Purkhardt, Brigitte, *La Chasse-galerie, de la légende au mythe : la symbolique du vol magique dans les récits québécois de la chasse-galerie,* Montréal, XYZ éditeur, 1992.

Ricard, François, « Honoré Beaugrand », dans *Dictionnaire biographique du Canada,* t. XIII, Québec, Presses de l'Université Laval, 1994, p. 56-58.

Chronologie

1848   Le 24 mars, naissance d'Honoré Beaugrand
            à Lanoraie (Québec).

1865   Après des études à Joliette, chez les Clercs de
            Saint-Viateur, et un bref entraînement mili-
            taire à Montréal, il part pour le Mexique où
            il s'engage dans les troupes françaises
            envoyées au secours de l'empereur Maximi-
            lien.

1867-1869   Séjour en France.

1873-1878   Après avoir travaillé à La Nouvelle-Orléans
            et au Mexique, il s'établit en Nouvelle-
            Angleterre. En 1873, il y fonde l'hebdoma-
            daire *L'Écho du Canada,* dans lequel il publie
            ses premiers récits, dont « Le fantôme de
            l'avare ». Deux ans plus tard, il commence à

publier *La République,* journal de tendance républicaine et franc-maçonne.

1878   Publication, à Fall River (Massachusetts), du roman *Jeanne la fileuse.*

1879   Beaugrand s'installe à Montréal, où il fonde le quotidien libéral *La Patrie,* dont il demeurera propriétaire jusqu'en 1897, ce qui lui permet d'amasser une importante fortune; il possède bientôt une maison à Montréal, dans le « Golden Square Mile », et une autre à North Hatley; il collectionne les livres, les meubles, les œuvres d'art, et s'adonne à l'étude de l'histoire et du folklore.

1885-1887   Il est élu maire de Montréal à deux reprises.

1886-1897   Tout en continuant à diriger *La Patrie* et à défendre des positions radicales en matière de politique et de religion, il voyage de plus en plus, à la fois par goût de la découverte et pour soigner ses problèmes respiratoires; le sud et l'ouest des États-Unis, Paris et le sud de la France, l'Afrique du nord, la Suisse font partie de ses lieux de séjour préférés; en 1892-1893, il accomplit un tour du monde (Japon, Chine, Inde, Égypte, Italie).

1889   Publication de *Lettres de voyage.*

1890   Publication de *Six mois dans les Montagnes Rocheuses.*

1891-1892	Publication, dans *La Patrie*, de cinq récits brefs : « Le père Louison », « La chasse-galerie », « Le loup-garou », « Macloune », « La bête à grand'queue ».
1900	Retiré des affaires et de l'action politique, Beaugrand rassemble ses cinq récits de 1891-1892 dans une édition de luxe à tirage limité, *La Chasse-galerie, légendes canadiennes,* qu'il ne met pas dans le commerce, se contentant d'en distribuer des exemplaires à ses amis.
1904	Publication, à tirage limité, de *New Studies of Canadian Folk Lore.*
1906	Le 7 octobre, Honoré Beaugrand meurt à Montréal ; son corps est incinéré.

TABLE DES MATIÈRES